AF343619

PORTRAITS

DES

GÉNÉRAUX FRANÇAIS,

FAISANT SUITE

AUX VICTOIRES ET CONQUÊTES

DES FRANCAIS.

TOME II.

L — V

PARIS

C.L.F. PANCKOUCKE.

LAFAYETTE.

———

Ce fut dans les champs de l'Amérique septentrionale, en soutenant la cause d'une juste indépendance, qu'il se prépara glorieusement à défendre sa patrie, menacée de l'invasion de l'étranger. Royaliste constitutionnel, il ne lui fut pas permis alors de faire écouter d'utiles conseils, de développer les fruits d'une sage et heureuse expérience. Obligé de fuir une patrie où sa tête était proscrite, il parut encore redoutable aux ennemis de la France, puisqu'ils le retinrent dans les fers. Il ne dut sa liberté qu'à nos victoires. Ayant quitté la carrière militaire, il est resté citoyen.

LAFAYETTE.

Ambroise Tardieu direxit.

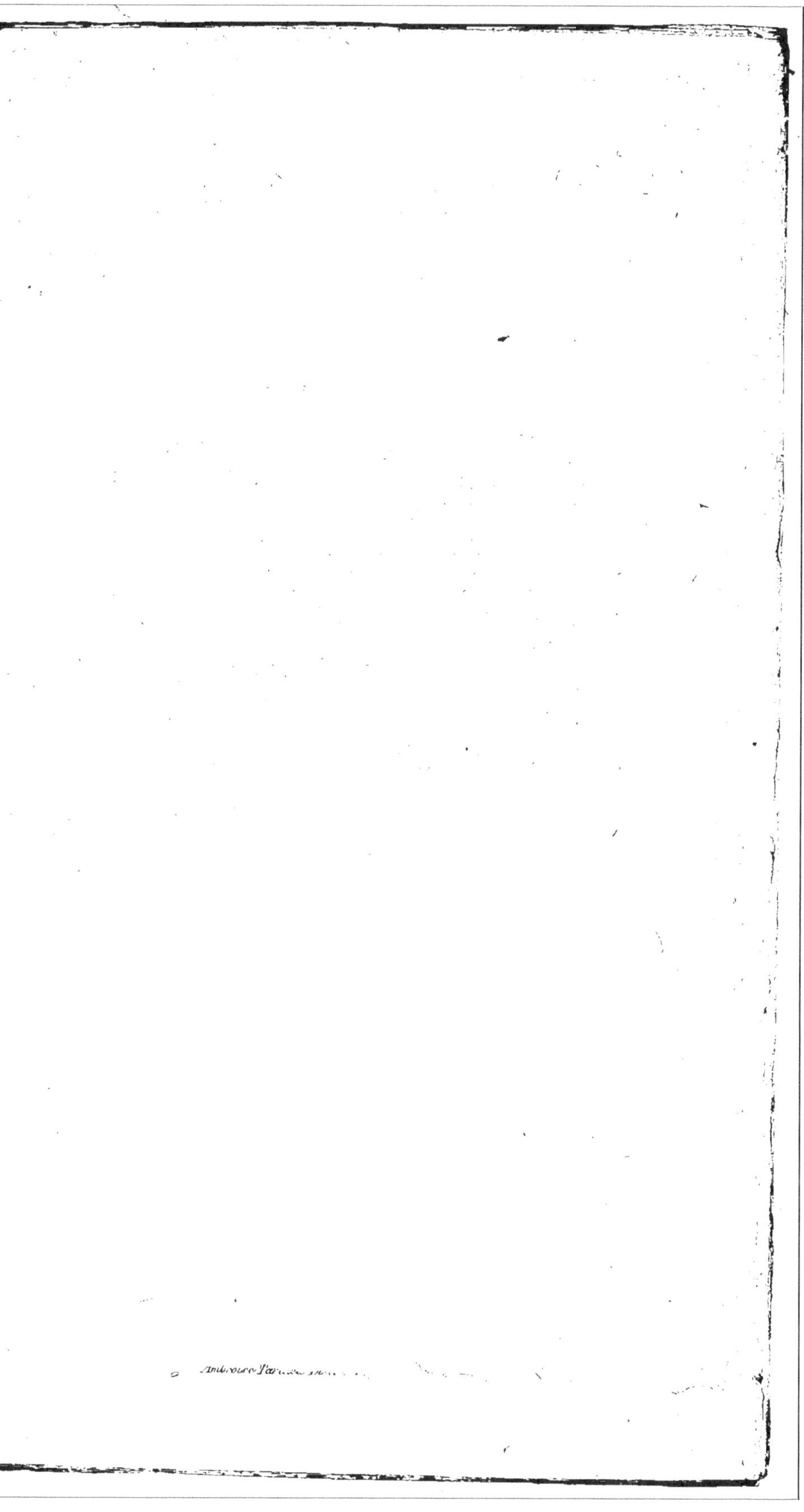

LAFOND-BLANIAC.

N'étant encore que simple officier de dragons, ce brave guerrier renouvela, à l'armée d'Italie, l'exemple de l'un de ces combats singuliers que la Muse de l'Arioste et du Tasse a reproduits d'une manière si brillante dans des poèmes immortels. Un chantre a manqué au jeune héros français, mais l'histoire s'est emparée de son fait d'armes et l'a consigné dans ses annales, ainsi que tous les autres qui lui méritèrent son avancement jusqu'au grade de lieutenant-général.

LAFOND DE BLAGNAC.

Ambroise Tardieu Direxit.

CHARLES LALLEMAND.

Aide-de-camp de Junot, colonel du vingt-septième de dragons, général de brigade de cavalerie, il donna dans toutes les campagnes des preuves constantes de bravoure et d'une rare intrépidité.

C.^{les} LALLEMAND.

Ambroise Tardieu Direxit.

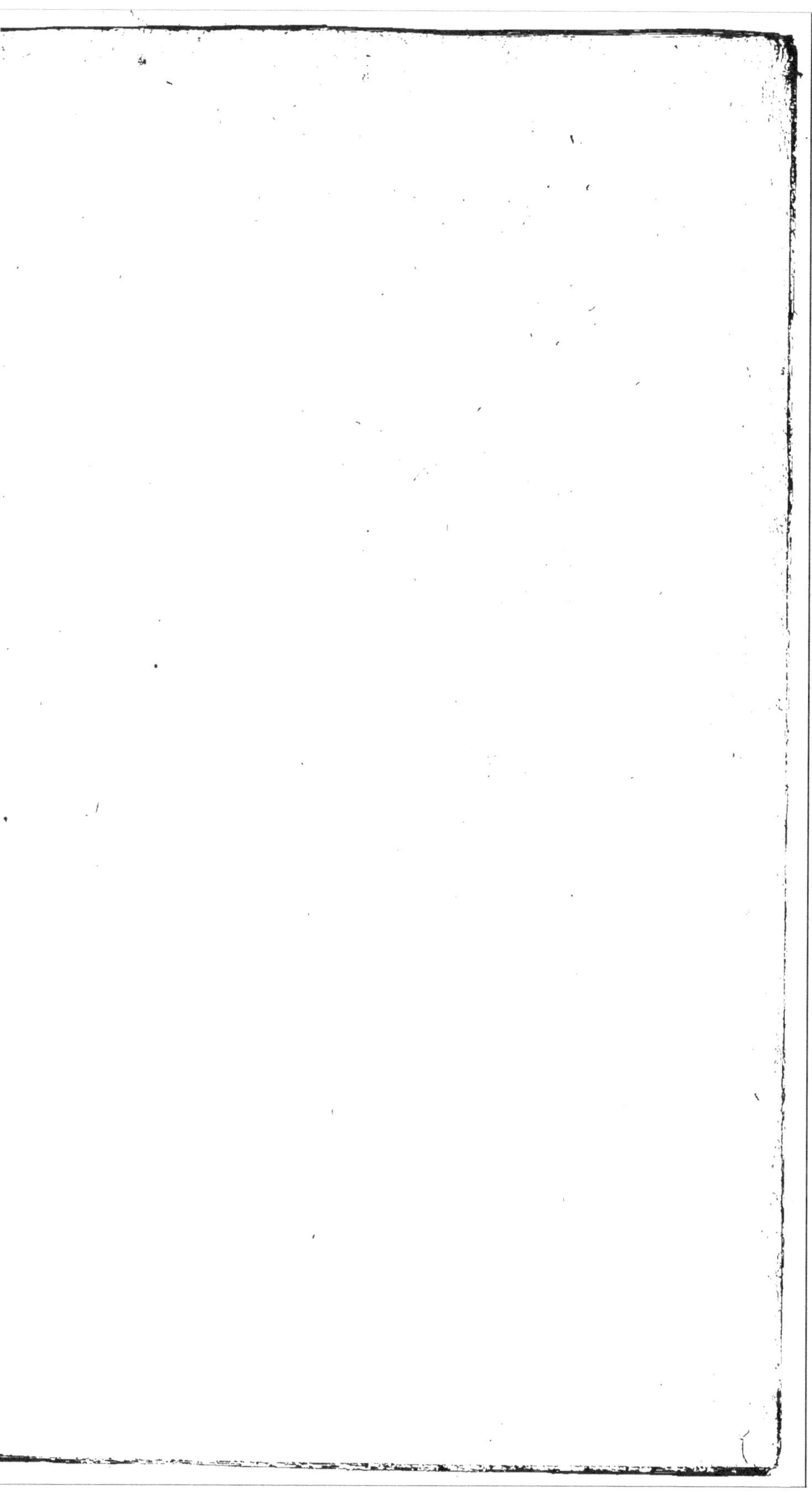

MAXIMILIEN LAMARQUE.

Il mérita tous ses grades par des actions glorieuses. Chargé par Napoléon du commandement en chef de l'armée de la Vendée, en 1815, il s'y montra tout à la fois en guerrier et en conciliateur ; il employa tour à tour les armes et les négociations pour éviter une plus grande effusion du sang français, et parvint enfin à opérer une réconciliation qui amena la pacification du 26 juin de la même année. Rappelé d'un long exil, il attend dans le calme de la retraite que le roi lui rende une activité qui ne peut qu'être utile à la patrie.

Mᵉⁿ LAMARQUE.

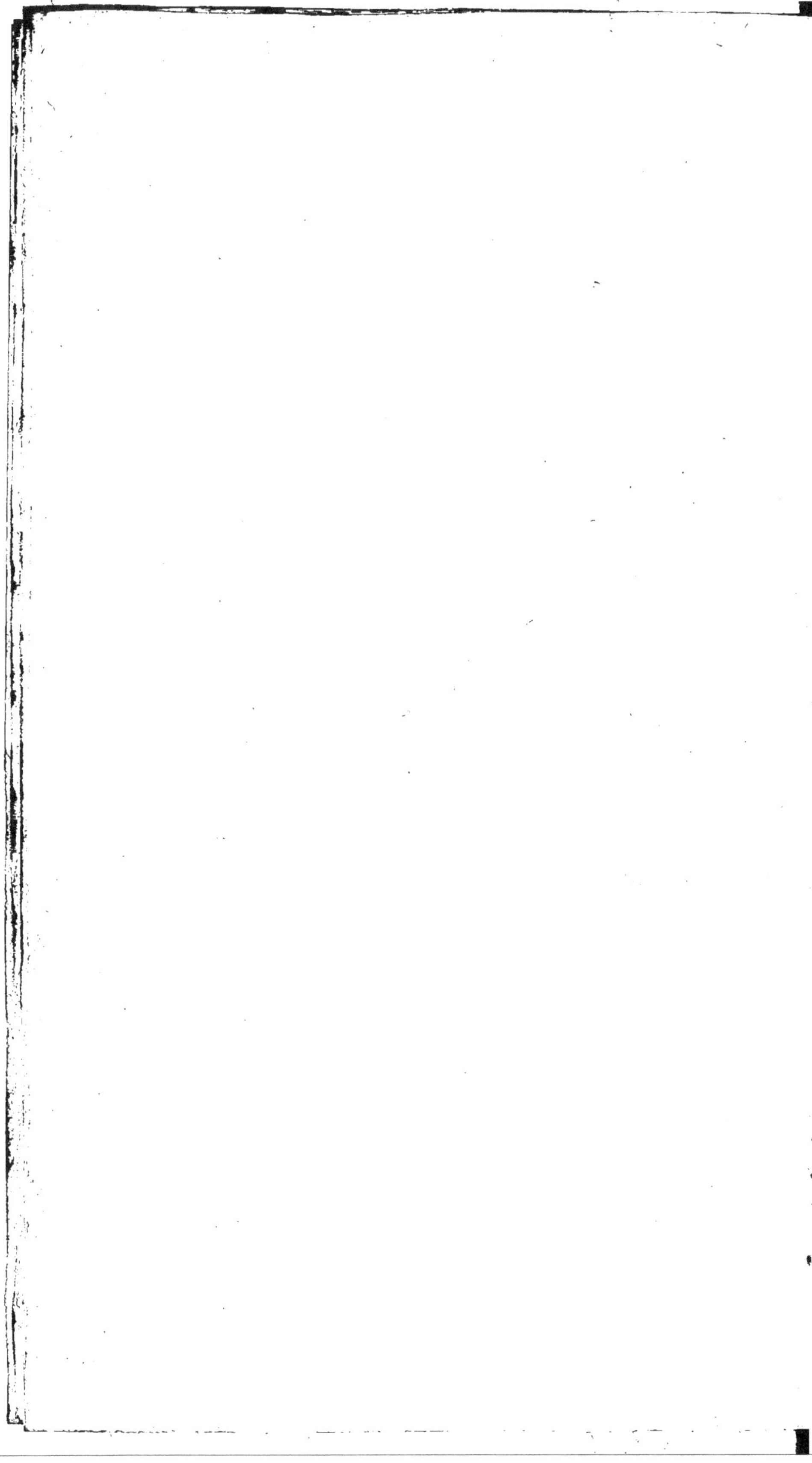

LANNES.

Il franchit rapidement, par des actions d'éclat, les intervalles qui séparent le rang de soldat du grade de général. Sa carrière ne fut plus qu'une continuité de succès. Distingué par sa franchise lorsque le silence même était considéré comme un mérite, il resta l'ami de l'homme auquel il avait seul le droit de faire entendre la vérité. Blessé mortellement à Essling, en 1809, Lannes arracha, par son trépas, des larmes au *stoïque spectateur* de la perte de tant de braves. Le roi a créé pair de France le fils aîné du méréchal duc de Montebello, le 17 août 1815.

LANNES.

Ambroise Tardieu Direxit.

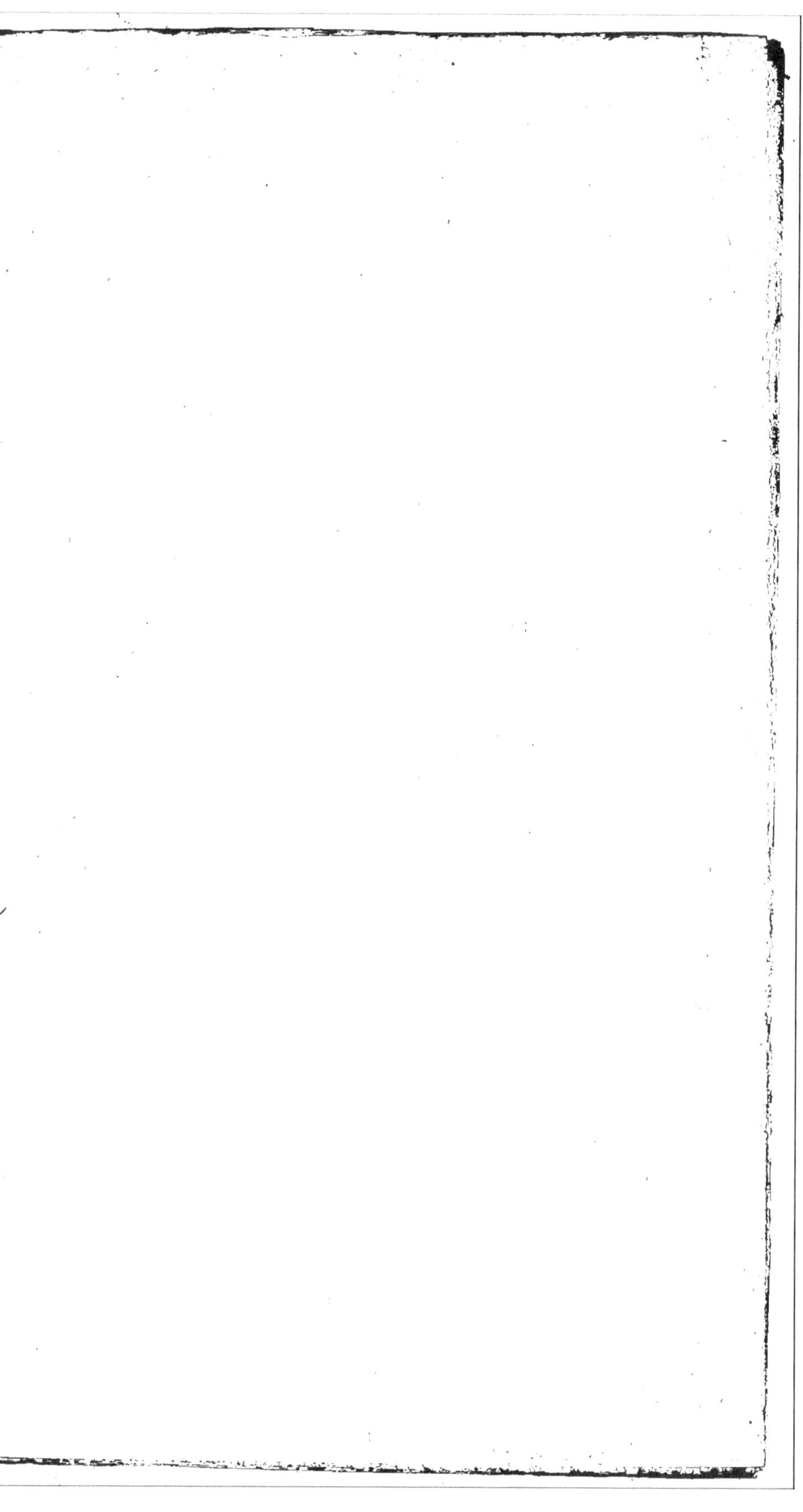

LARIBOISSIÈRE.

———

Les revers inattendus de la campagne de Russie, et la perte d'un fils chéri, tué sous ses yeux à la journée de la Moskowa, précipitèrent dans le tombeau celui que la mort avait épargné sur les nombreux champs de bataille, témoins de son intrépidité et théâtres de son talent.

LA RIBOISSIÈRE.

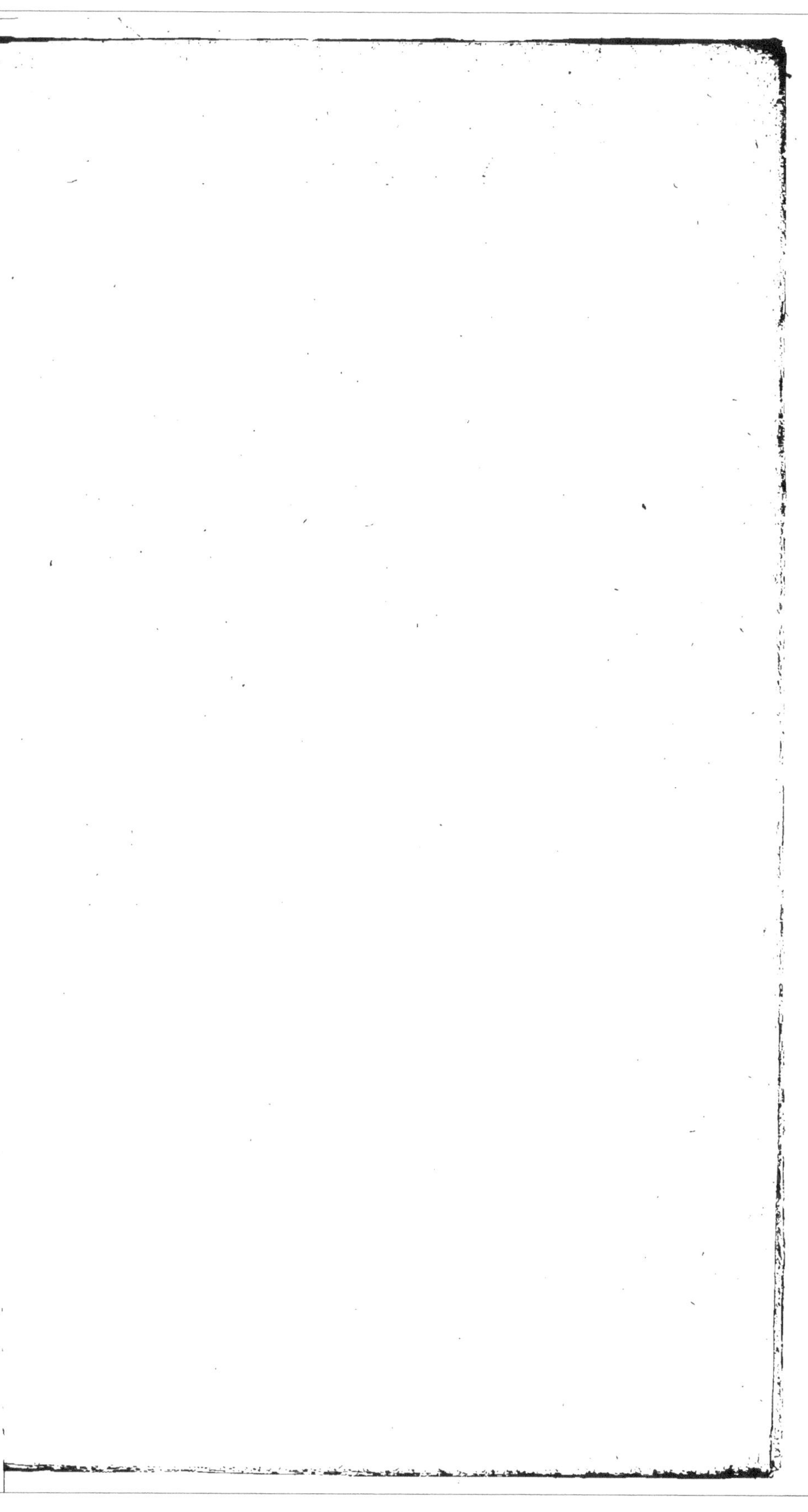

LAROCHE-JACQUELEIN.

Il mérita, par son dévouement à la cause royale, par ses talens, et surtout par son intrépidité, d'être nommé, à vingt-un ans, général en chef des armées vendéennes. Guerrier humain, sa mémoire sera toujours en honneur, même parmi ceux qui l'ont combattu.

HENRI DE LAROCHE=JACQUELEIN.

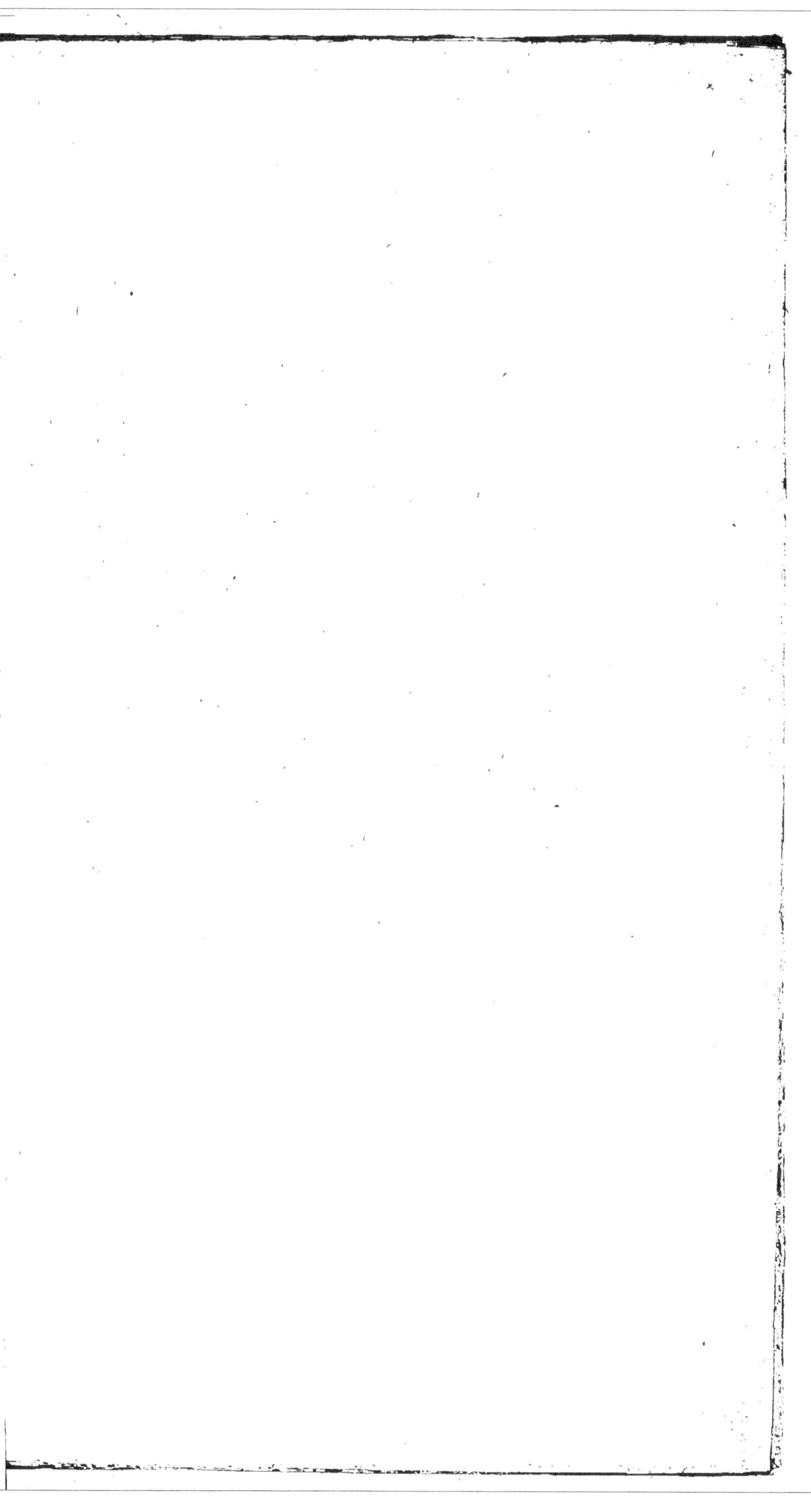

LASALLE.

———

Il n'était encore que simple officier quand il fit mettre bas les armes à un bataillon autrichien à la bataille de Rivoli; lorsqu'il se fit remarquer avec autant d'éclat à la bataille des Pyramides, par un fait d'armes semblable à celui du chevalier Bayard au pont de Garrigliano. Successivement colonel de chasseurs et de hussards, il soutint glorieusement sa célébrité. Il y mit le comble dans le grade de général de cavalerie. Mort à Wagram, couvert de lauriers, sa statue, comme celle de d'Hautpoul, devait orner un des monumens de la capitale. Nous plaçons Lasalle dans celui que nous élevons à l'éternelle mémoire des braves.

# LASALLE.

Ambroise Tardieu direxit.

LA TOUR D'AUVERGNE.

———

Premier grenadier de France. Ce titre valut, à ses yeux, celui de général, que sa modestie lui fit refuser, après l'avoir mérité par de si glorieux services et par de si beaux faits d'armes. Tué au combat de Neuburg, son cœur est resté long-temps au milieu des grenadiers du quarante-sixième régiment, et son nom fut conservé à la tête du contrôle de la compagnie. Lorsque le fourrier faisait l'appel des grenadiers, celui d'entre eux qui portait sur sa poitrine le cœur du brave, renfermé dans une boîte d'argent, répondait au nom de La Tour d'Auvergne : *Mort au champ d'honneur!*

LA TOUR D'AUVERGNE.

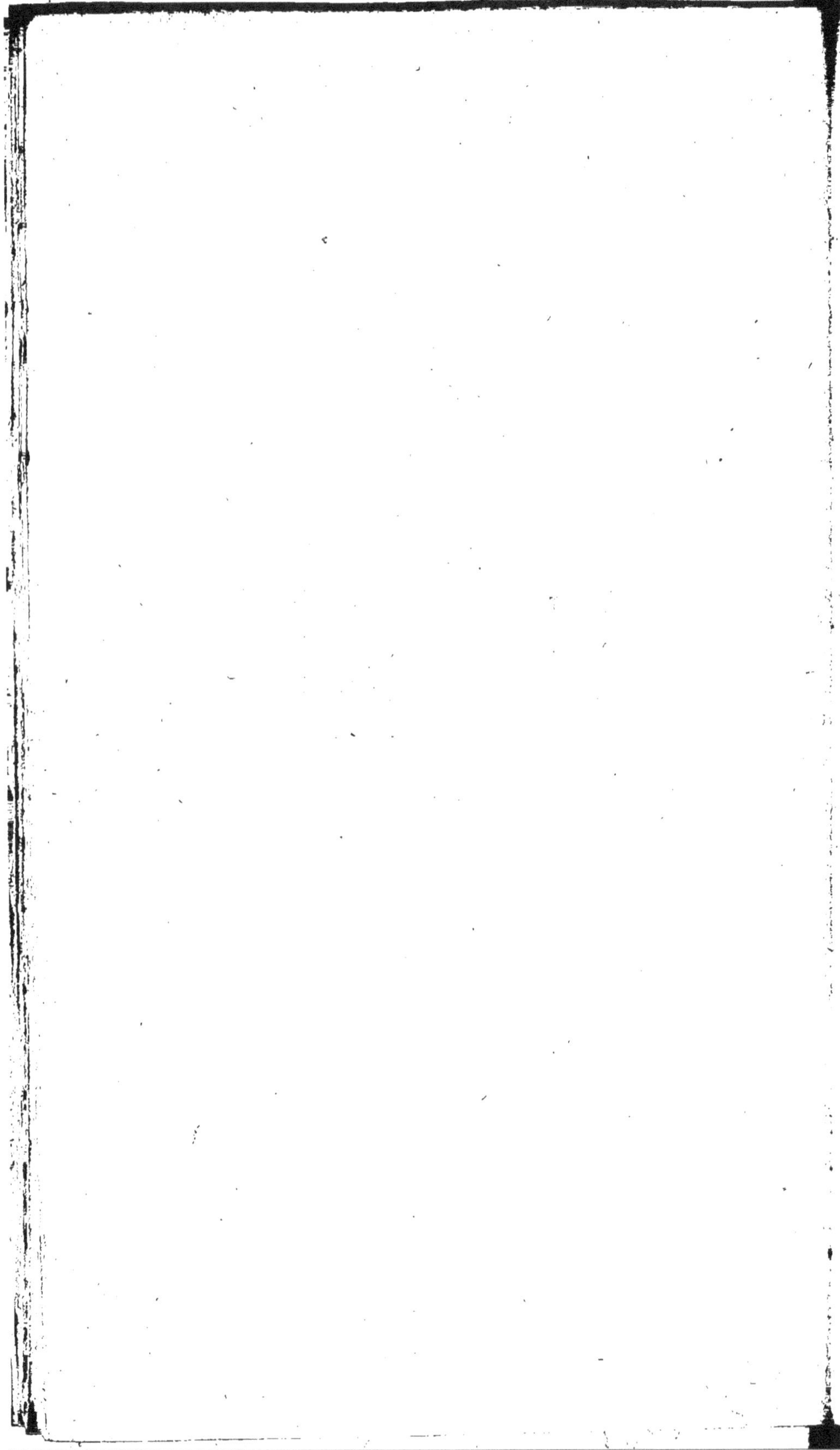

LAURISTON.

***

Destiné au service militaire dès ses premières années, ce général a parcouru honorablement sa carrière : artilleur distingué, c'est dans cette arme qu'il obtint son grade. Chargé de missions délicates, de commandemens importans, il s'en acquitta avec zèle, avec gloire. La ville de Raguse, qu'il sut défendre avec une poignée de soldats, lui doit non-seulement la conservation de son indépendance, mais la vie de tous ses citoyens, que les Turcs auraient massacrés sans la belle résistance qu'il opposa à leurs efforts. Il commanda à Wagram une batterie de 100 pièces de canon : son nom se trouve attaché aux succès de Lutzen et de Bautzen. Chargé de la défense d'une partie des faubourgs de Leipzick, peu s'en fallut qu'il ne partageât le sort de l'infortuné prince Poniatowski. Le roi a cru ne pouvoir mieux récompenser le dévouement de ce guerrier, qu'en lui confiant le commandement d'une des divisions de sa garde.

LAURISTON.

Ambroise Tardieu Direxit.

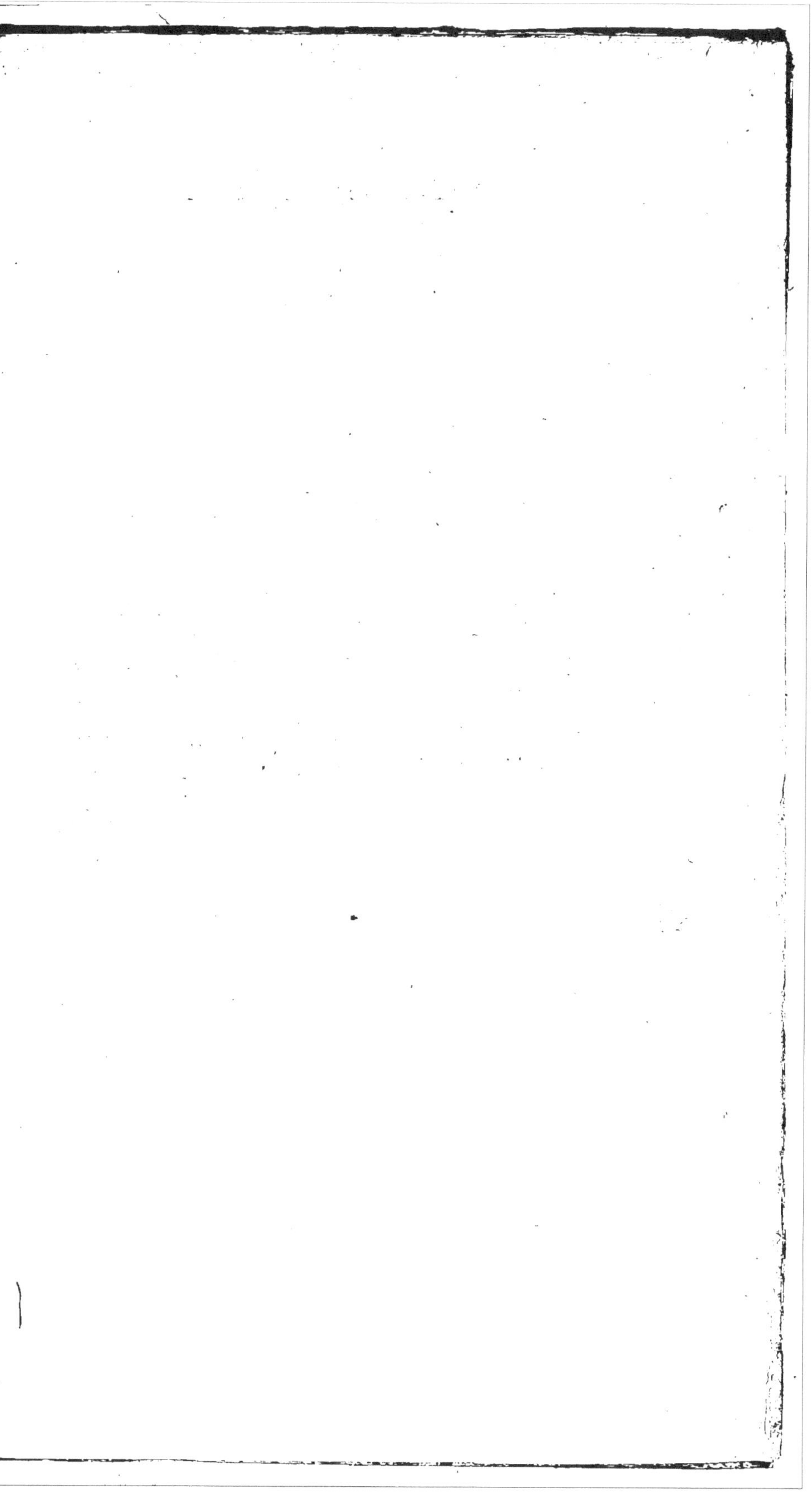

CH. LE BRUN

(DUC DE PLAISANCE).

———

Aide-de-camp de Napoléon, ce guerrier reçut dans ses bras Dessaix expirant à la bataille de Marengo.

Sous un tel chef et avec un pareil exemple, pouvait-il ne pas parcourir avec honneur la noble carrière qui lui était ouverte? Tous les grades auxquels il parvint successivement furent accordés à la valeur et au dévouement, dont les dignes modèles ne cessèrent point d'être sous ses yeux.

CHARLES LEBRUN.

Ambroise Tardieu Direxit.

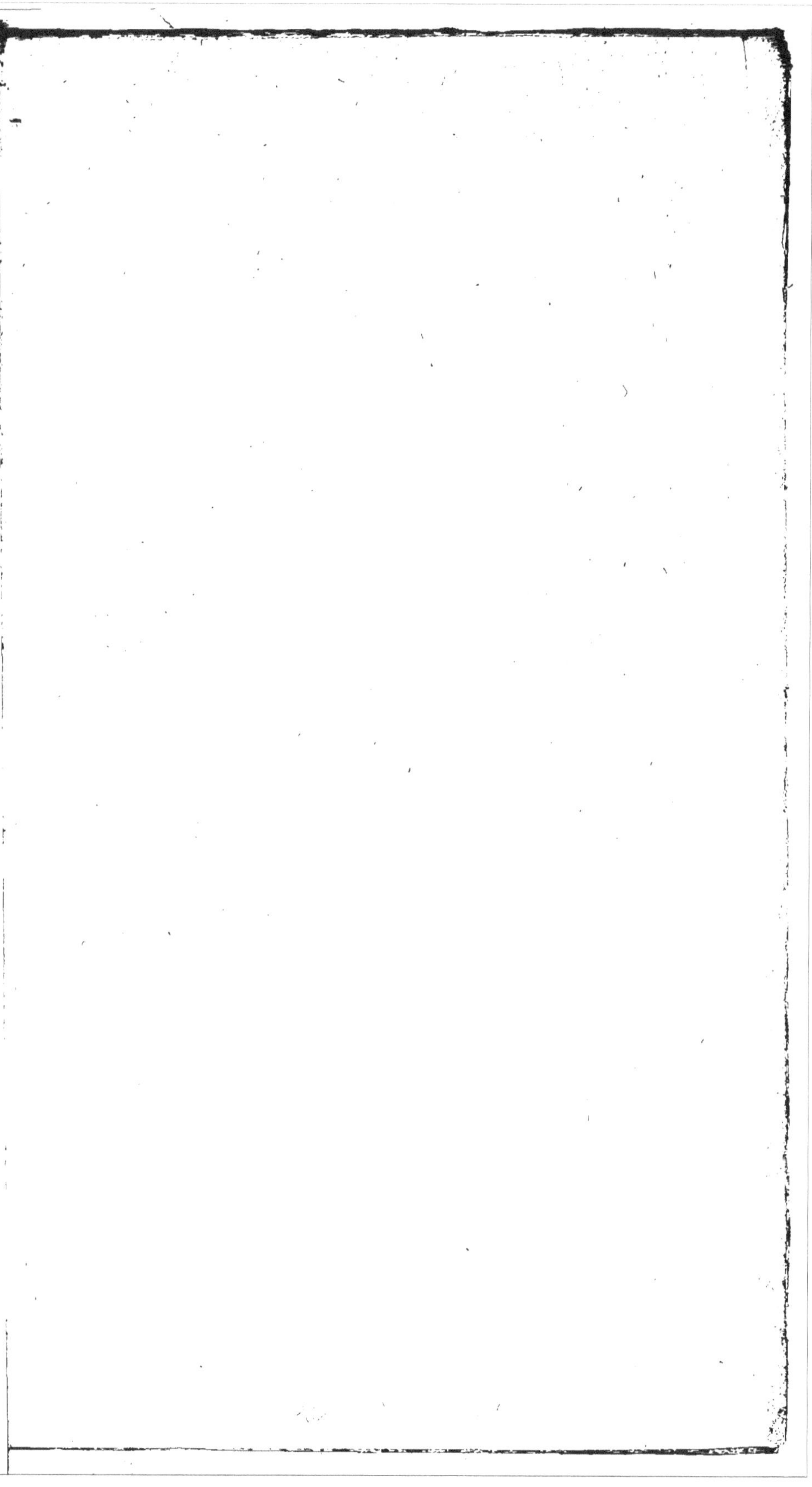

LECOURBE.

***

Honneur au digne ami, au lieutenant de Moreau, de Masséna, au vainqueur de Suwarow. La célèbre campagne de 1799, en Suisse, renferme le meilleur éloge que l'on puisse faire des grands talens de ce général. La longue disgrâce qu'il essuya fait l'éloge de ses sentimens, et serait encore, si l'on pouvait en douter, une nouvelle preuve de son mérite distingué.

LECOURBE.

Ambroise Tardieu Direxit.

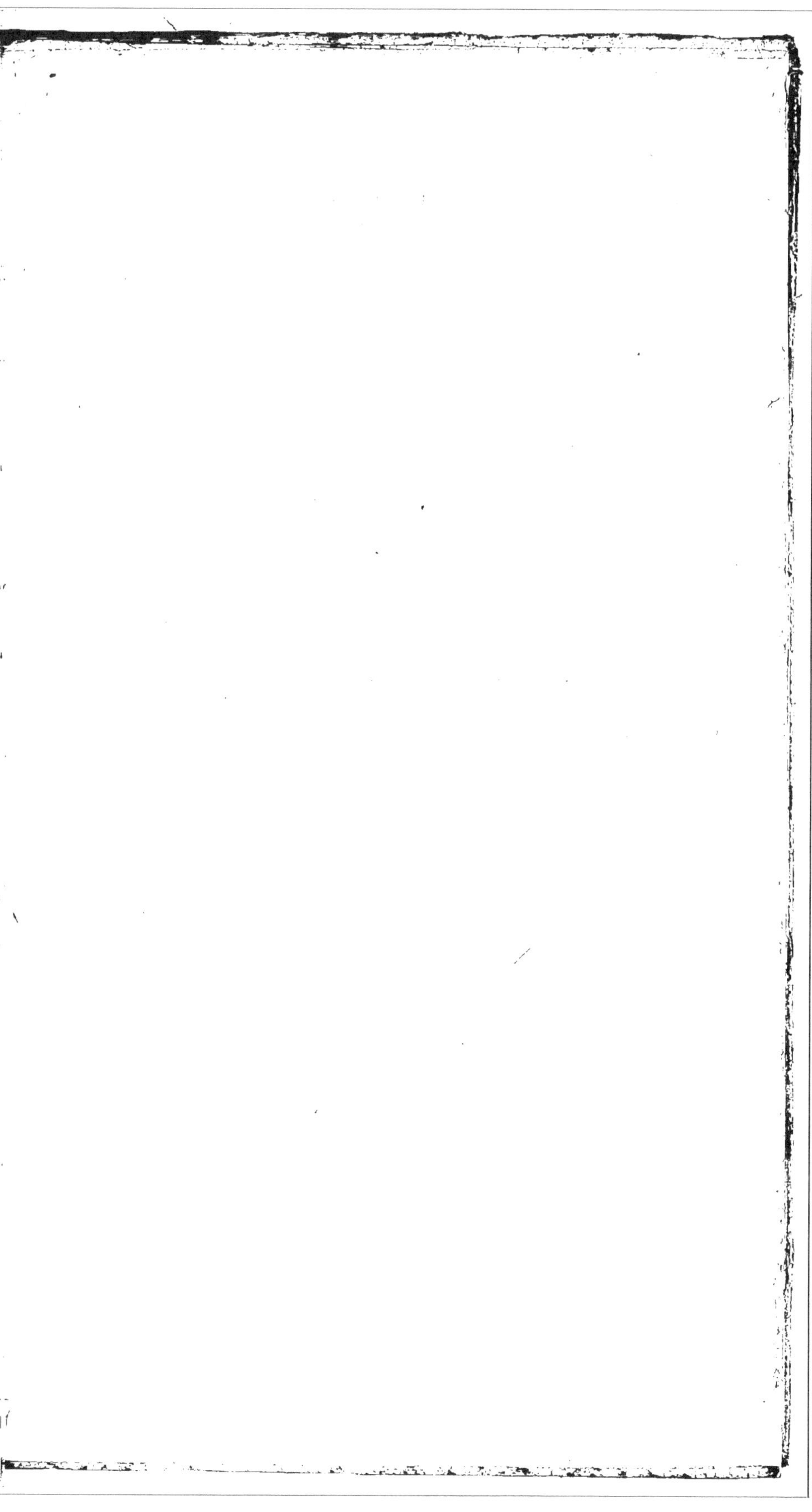

LEFEBVRE.

—

Le nom de Dantzick, attaché au sien, n'est qu'un de ses nombreux titres de gloire. Il est peu de campagnes, depuis 1792 jusques en 1814, où ce maréchal de France n'ait figuré, et toujours d'une manière remarquable. Geisbach, Fleurus, Blanckenberg, Stokach, Eylau, Bilbao, Tann, Eckmülh, etc., etc., etc., Montmirail, forment avec Dantzick les trophées remportés par Lefebvre dans tous ces combats.

LEFEBVRE.

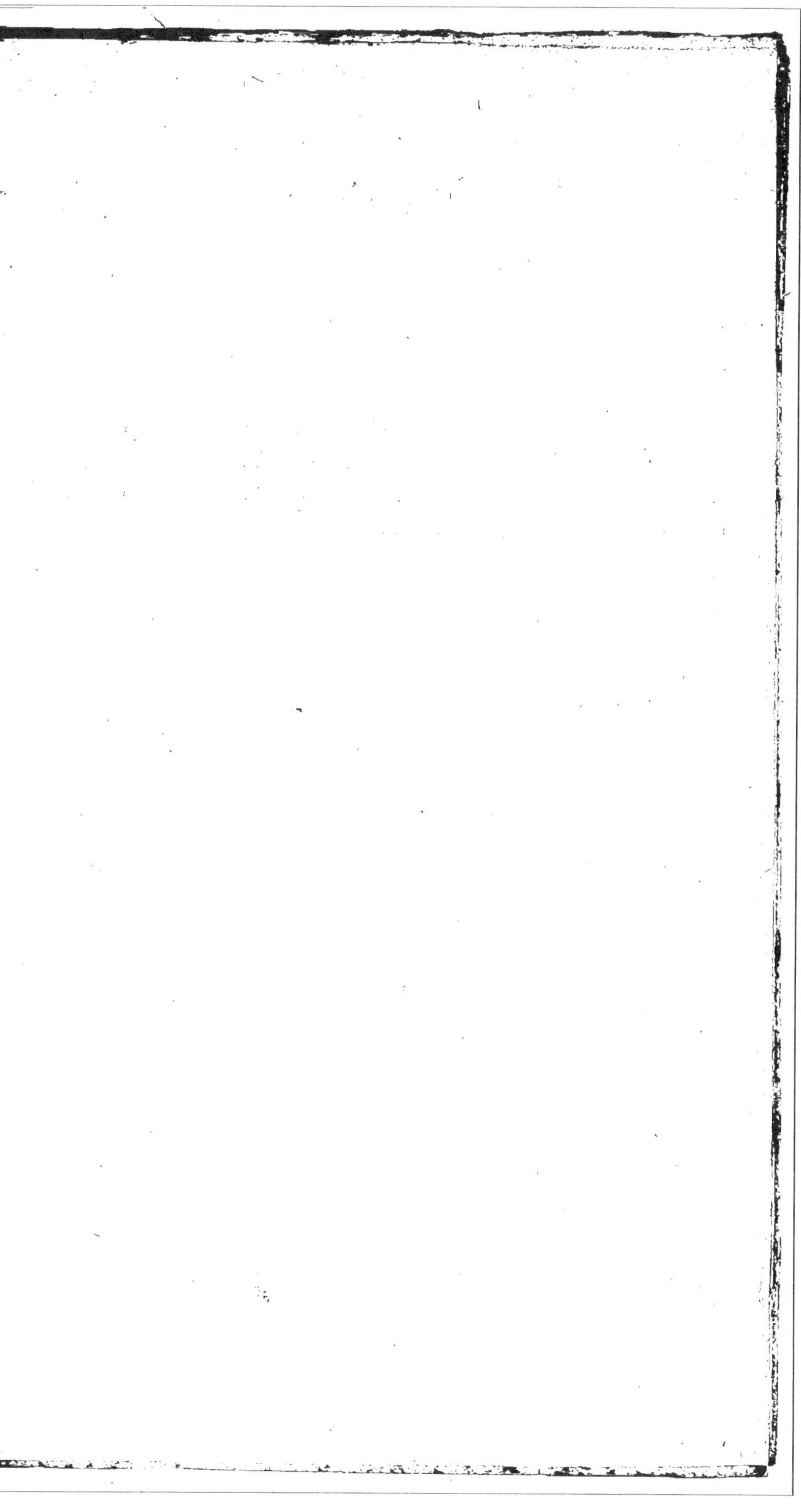

LEFEBVRE-DESNOUETTES.

Dire que ce général eut l'honneur de commander l'illustre corps des chasseurs à cheval de la garde, c'est faire le plus bel éloge de sa valeur et de ses autres qualités militaires.

LEFEBVRE DESNOUETTES.

Ambroise Tardieu Direxit.

LEGRAND.

———

Général en 1793, son nom se rattache à toutes les glorieuses campagnes, et principalement à celles d'Austerlitz, d'Iéna, d'Eylau, de Friedland, d'Esling, de Wagram, de Polotsck. Les nombreuses blessures qu'il avait reçues dans le cours de son honorable carrière, le firent descendre à quarante ans dans le tombeau. Nouveau Chevert, on peut dire de lui que le bâton de maréchal de France manqua à ses titres, mais non à sa renommée.

LEGRAND.

Ambroise Tardieu Direxit.

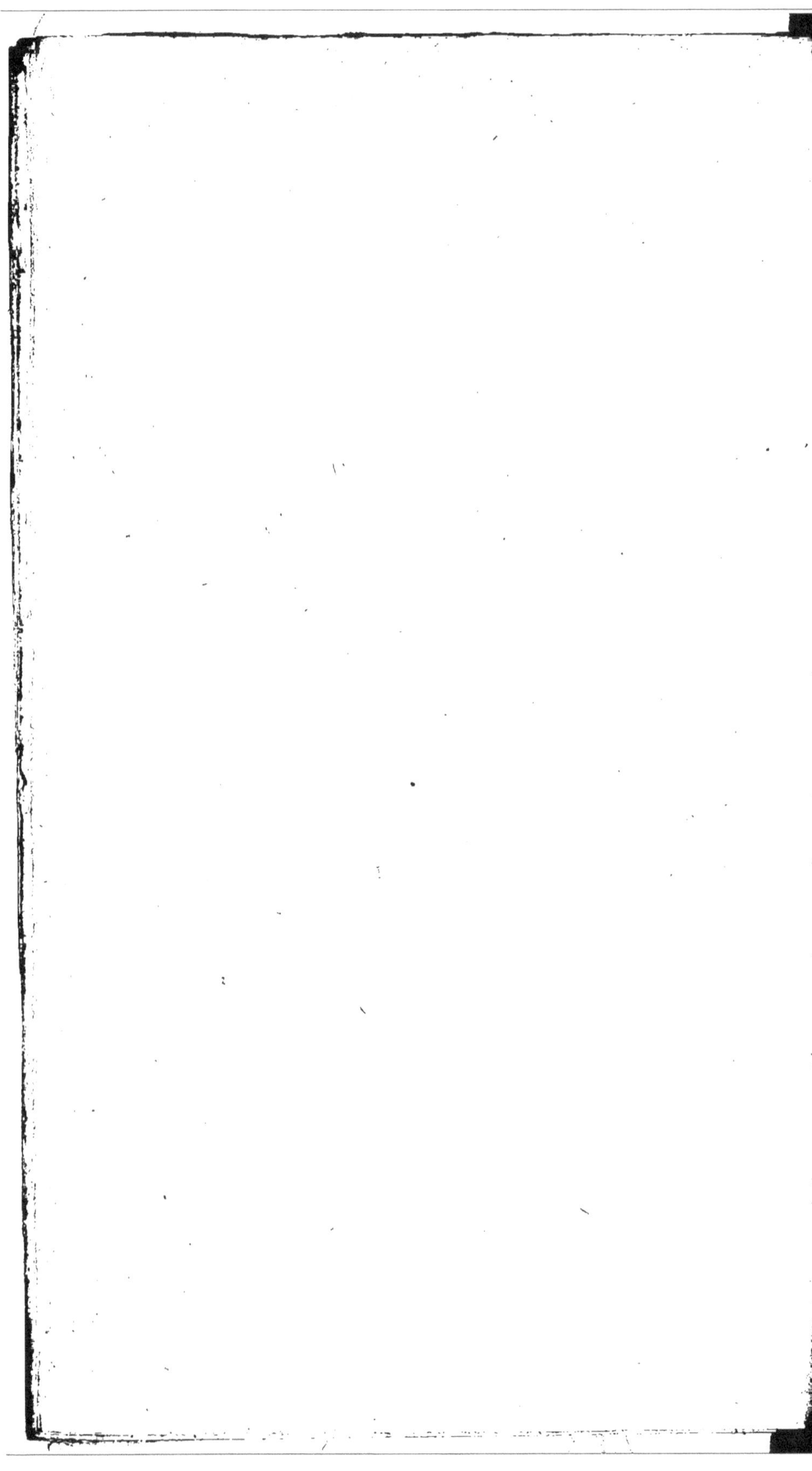

LEJEUNE.

Il unit au talent de l'artiste toutes les qualités qui distinguent le guerrier. Le pinceau et l'épée sont également bien placés entre ses mains; l'un reproduit habilement les actions où l'autre s'est signalée.

LEJEUNE.

Ambroise Tardieu Direxit.

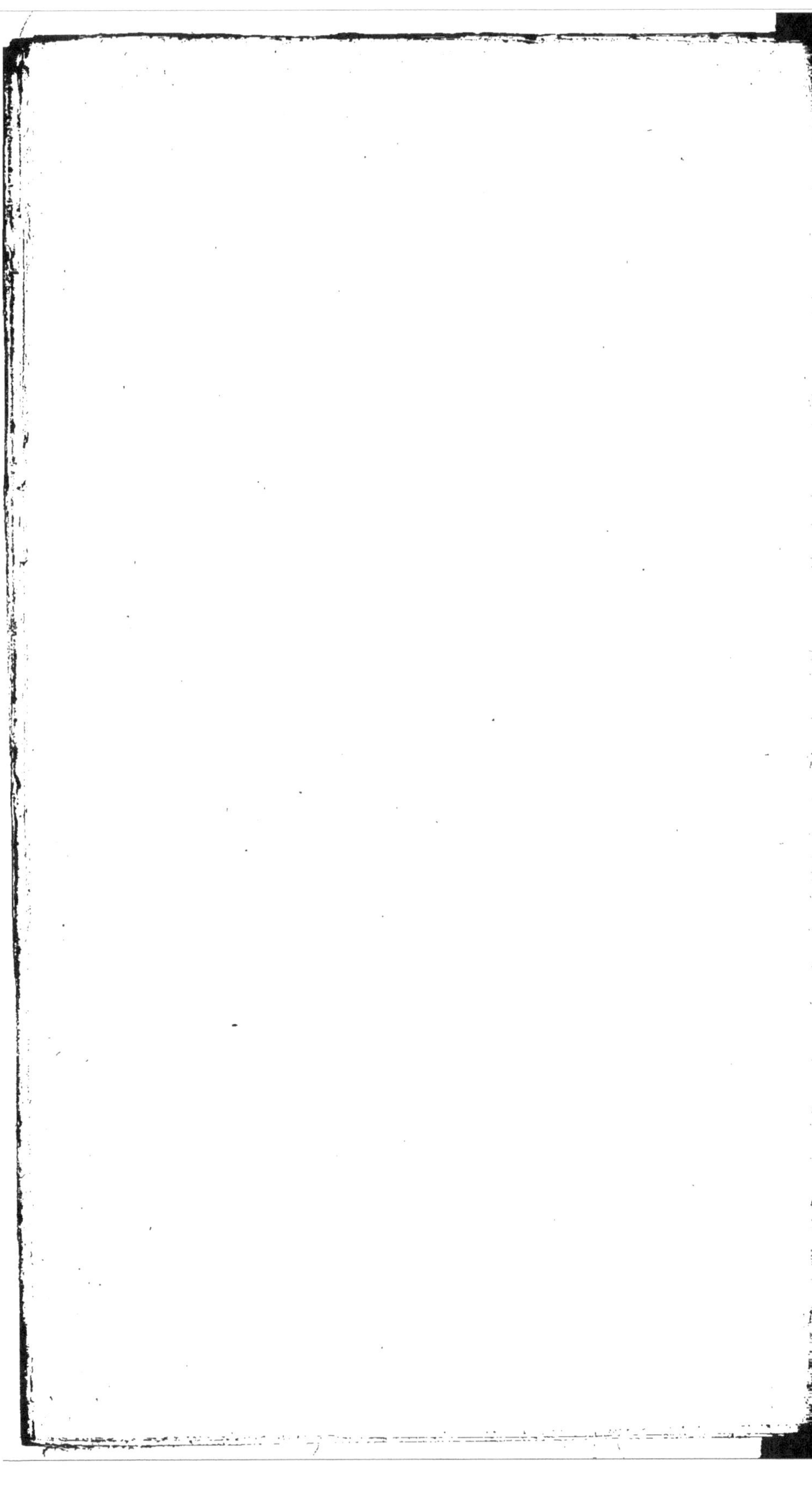

LE PIC.

Ce général a vu tirer le premier et le dernier coup de canon des campagnes de la révolution. Tous ses grades, depuis celui de lieutenant-colonel jusqu'à celui de lieutenant-général lui ont été donnés sur le champ de bataille. Il n'a jamais quitté l'armée que pour guérir les nombreuses blessures qu'il y a reçues. Il a été mis en retraite après la bataille de Waterloo.

LEPIC.

Ambroise Tardieu Direxit.

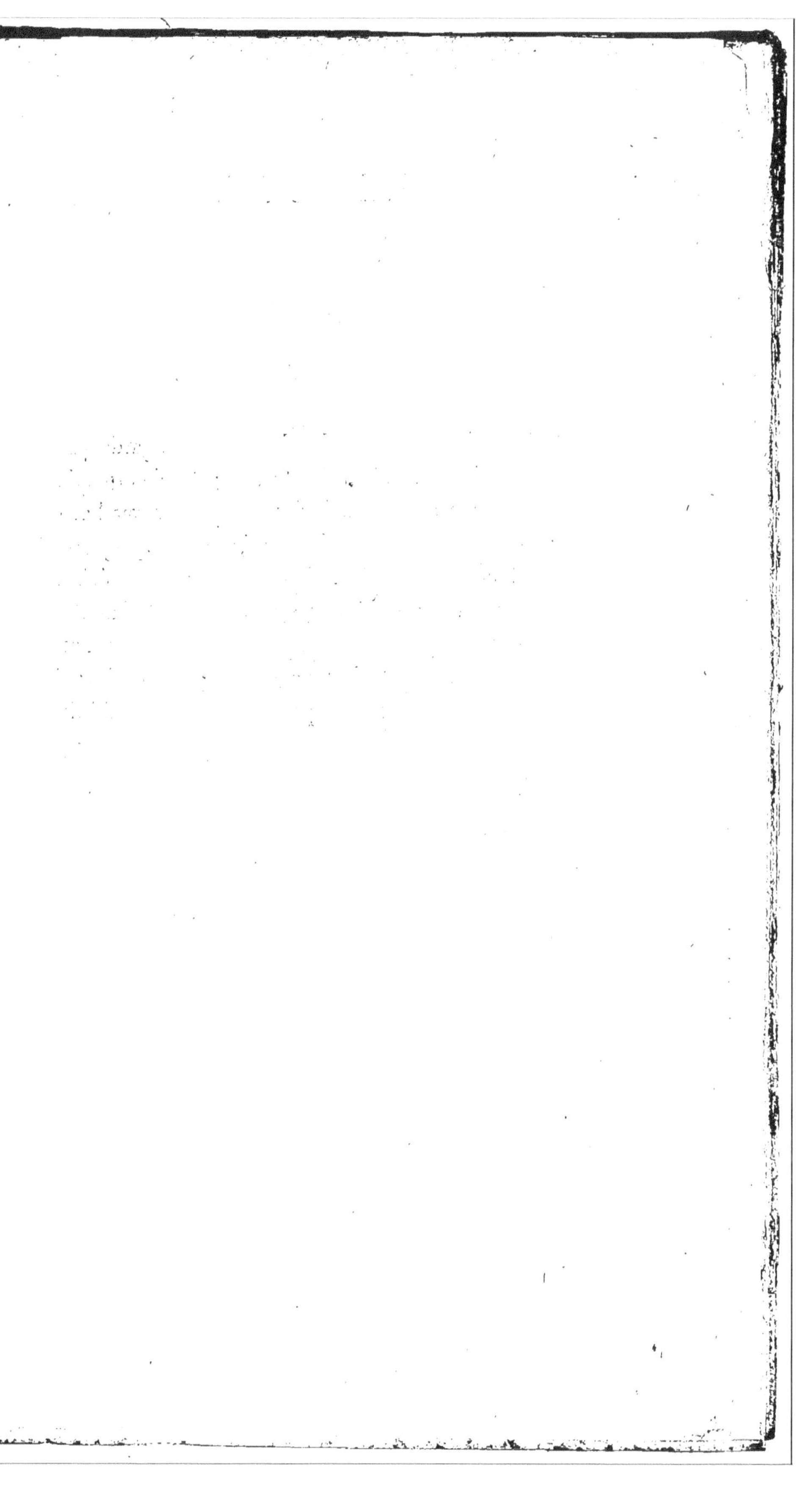

LE TORT.

C'est dans les rangs des dragons de la garde que ce guerrier obtint son illustration; et, bien qu'elle se rattache en partie à des campagnes malheureuses, comme celles de Russie, de Leipzig, de 1814 et de Waterloo, les titres du *brave* (c'est ainsi que l'armée désigna Le Tort après la bataille de Montmirail) n'en sont pas moins assurés à l'estime et aux regrets de ses concitoyens. Il fut blessé mortellement aux champs de Fleurus, le 15 juin 1815.

LETORE.

Ambroise Tardieu Direxit.

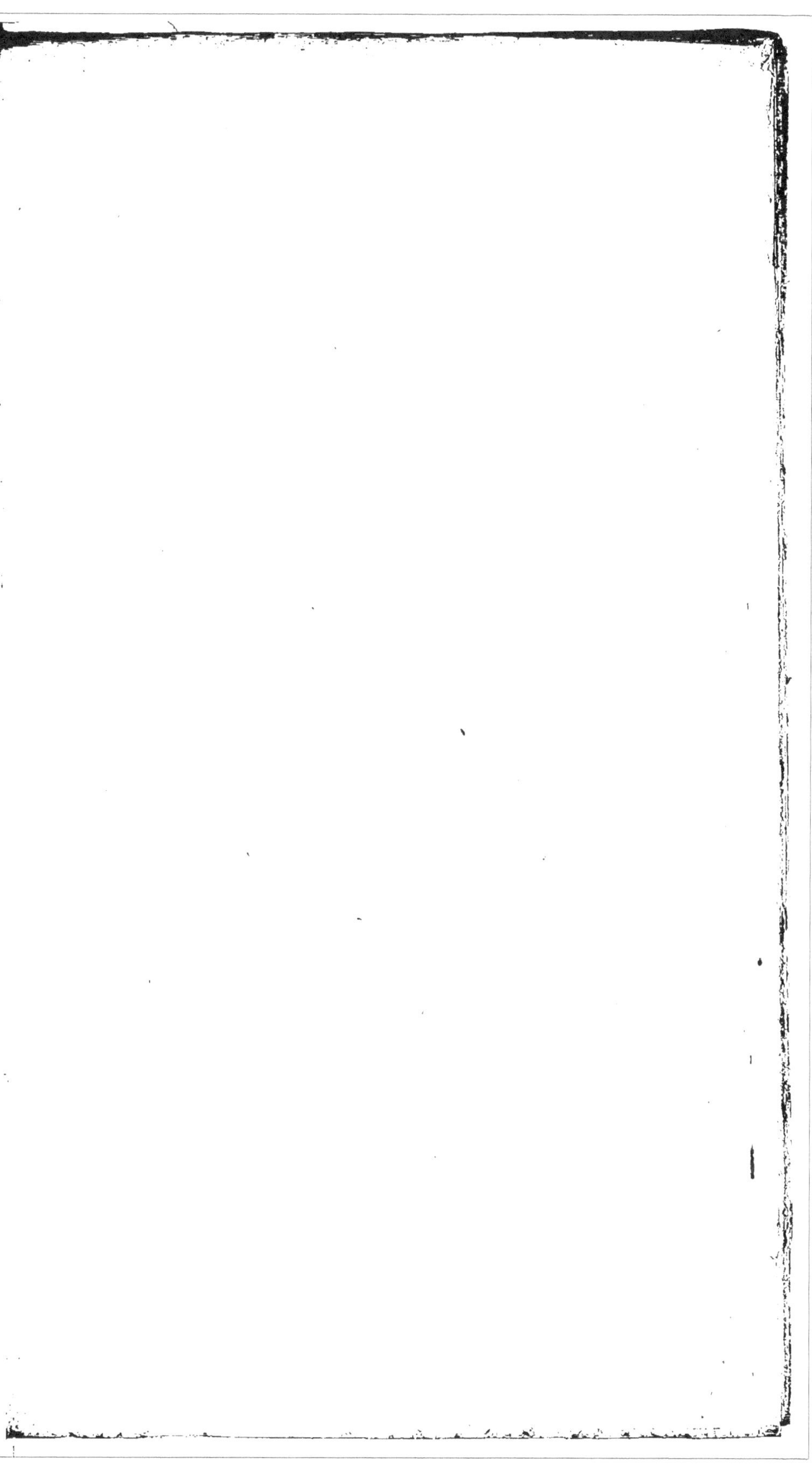

LHÉRITIER.

Colonel du dixième régiment de cuirassiers , il se distingua dans les campagnes de 1806 et 1807. Général de brigade en 1811 , son nom fut cité honorablement dans les Bulletins des campagnes de 1812, 1813 et 1814. Les militaires le considèrent comme un des meilleurs officiers de cavalerie de notre époque.

LHERITIER.

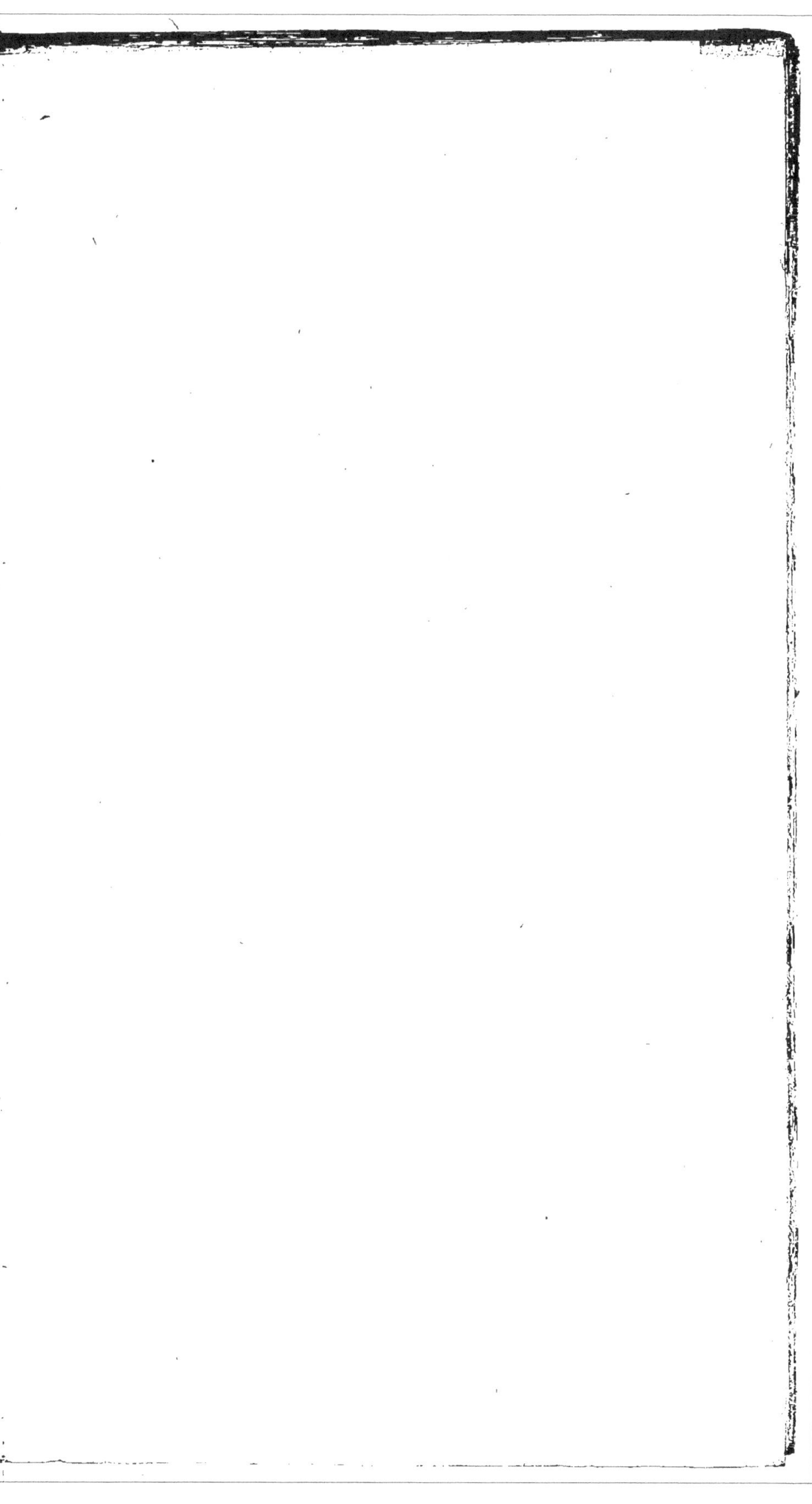

MACDONALD.

L'ordre de la Légion-d'Honneur ne pouvait avoir un plus digne chancelier. L'illustration de ce maréchal de France remonte aux premières campagnes : la Belgique, la Hollande, l'attestent. Si la bataille de la Trebbia, disputée avec tant de résolution, de preuve de talens et d'intrépidité, n'est point un des brillans trophées de Macdonald, du moins l'éminent avantage d'avoir réuni (après trois jours de combats sanglans) ses troupes à l'armée de Moreau, ne peut lui être contesté. Fidèle à l'amitié, il resta long-temps éloigné du champ de bataille. Il y reparut pour recevoir le bâton de maréchal.

MACDONALD.

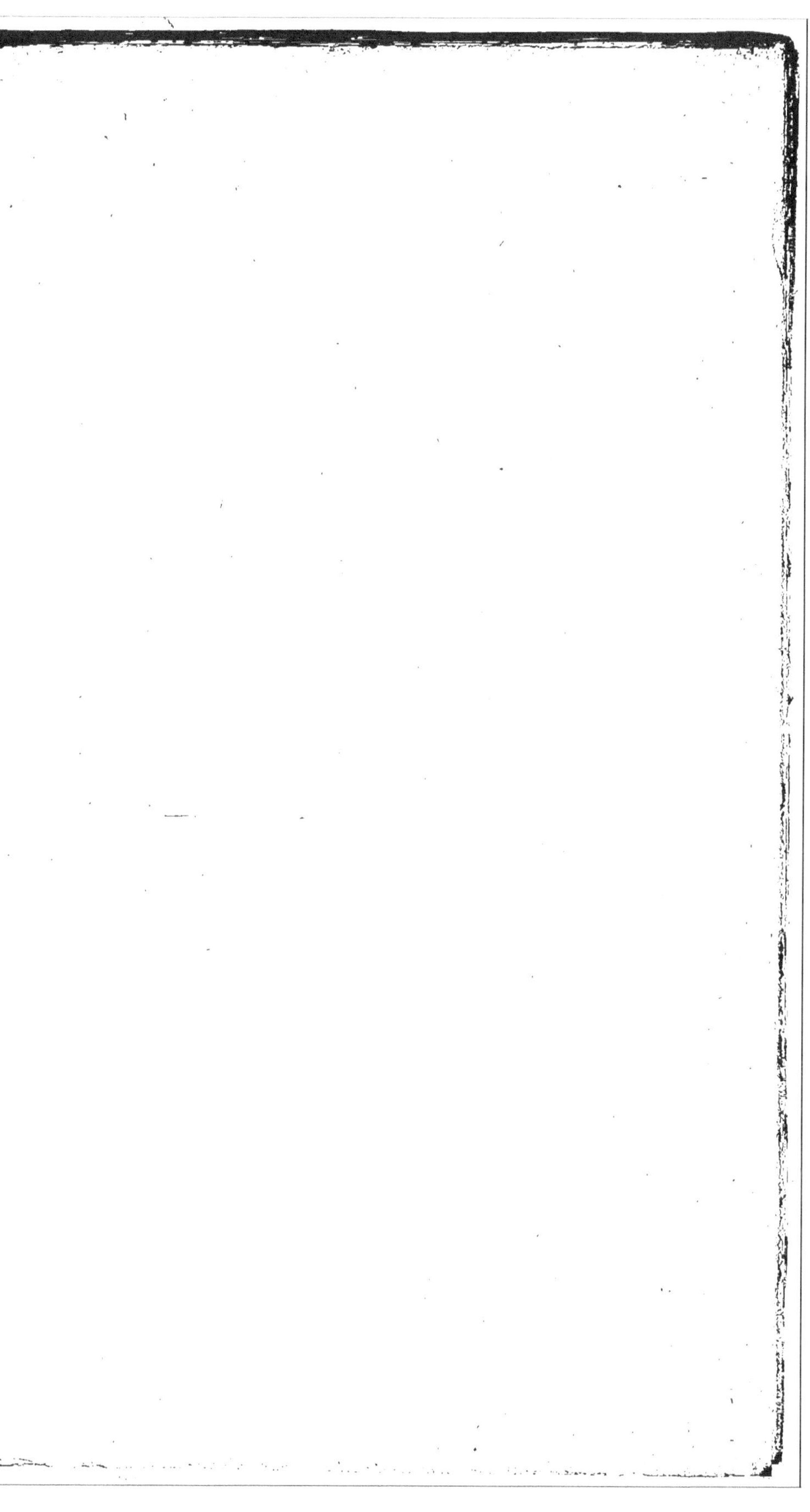

MAISON.

———

Aide-de-camp du général Bernadotte (aujourd'hui roi de Suède), il se fit remarquer par un courage et des talens qui l'élevèrent successivement au grade de général. Son nom se trouve cité souvent dans les campagnes de 1805, 1806 et 1807. Employé à l'armée d'Espagne, il contribua puissamment au succès de la bataille d'Espinosa, où il fit surmonter à sa brigade des obstacles presque invincibles. Il fut blessé en emportant les faubourgs de Madrid, dans la même campagne. Nommé général de division sur le champ de bataille de Polotsk, en Russie, il ne se signala pas moins dans la retraite et dans la campagne de 1813. Appelé, en 1814, au commandement en chef du premier corps d'armée, en Belgique, il battit les Prussiens sous les murs d'Anvers ; par des manœuvres aussi savantes que hardies, il tint la campagne contre des forces supérieures aux siennes, et mérita de prendre place parmi les meilleurs généraux de l'armée française. Investi de la confiance du Roi, il suivit S. M. à Gand, en 1815. Il est aujourd'hui gouverneur de la première division militaire et membre de la Chambre des Pairs.

MAISON.

MARCEAU.

Il ne demandait qu'une épée pour venger nos défaites, en indemnité de la perte qu'il fit un jour de ses équipages. Général à vingt-quatre ans, il avait obtenu ce grade par de belles actions; il le justifia par des victoires. A Fleurus, il combattit comme soldat lorsque l'ennemi eut détruit une grande partie de la division qu'il commandait. Veut-on connaître le plus beau panégyrique de ce guerrier? Sa mort fut pleurée de nos ennemis, et le canon autrichien, de concert avec l'artillerie française, salua la dépouille mortelle de Marceau, le jour des funérailles de ce héros.

MARCEAU.

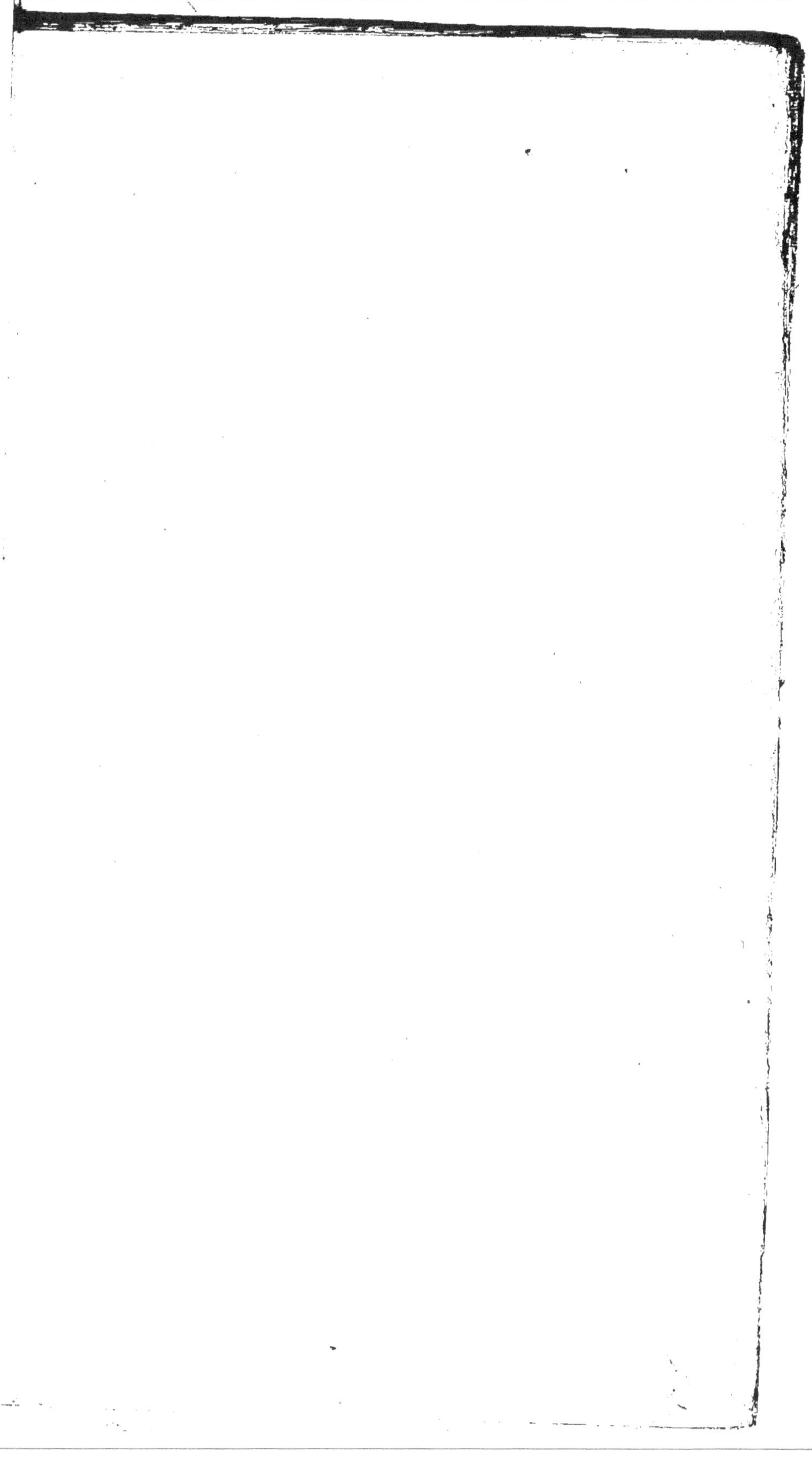

MARCHAND.

C'est en lisant l'histoire des campagnes d'Autriche, de Prusse, de Pologne, d'Espagne et de Russie, qu'on pourra apprécier tout le mérite de cet officier général, constamment cité pour sa rare valeur et pour l'élan qu'il sut imprimer à ses troupes dans les occasions décisives et dans les circonstances les plus difficiles.

MARCHAND.

MARGARON.

Dans tous les grades successivement obtenus par cet officier général, il a donné des preuves d'une rare intrépidité. Colonel de chasseurs à cheval, et n'ayant avec lui que cinquante chevaux, il fit mettre bas les armes à un régiment d'infanterie fort de mille hommes, placés dans un bois fourré et inaccessible à la cavalerie. Devenu général de brigade, il soutint sa réputation, et mérita, le 16 avril 1813, le rang de général de division. Il est aujourd'hui un des inspecteurs-généraux de la gendarmerie.

MARGARON.

Ambroise Tardieu Direxit.

MARMONT.

Officier distingué dans l'arme de l'artillerie, cette carrière ne lui parut pas assez vaste pour développer tous ses moyens militaires. Il guidait une demi-brigade à l'attaque de Malte, et l'enlèvement du drapeau de l'ordre lui valut le grade de général. L'histoire des campagnes en Allemagne le signale dans plusieurs combats remarquables. Son commandement en Dalmatie et sa conduite à Wagram lui valurent le bâton de maréchal de France. Il s'en montra digne aux combats de Lutzen et de Bautzen. Honoré de la confiance du roi, ses titres en ont acquis plus d'éclat.

MARMONT.

Ambroise Tardieu Direxit.

MASSÉNA.

Son éloge est renfermé dans ce surnom : « *enfant gâté de la victoire.* » Quelques nuages ont pu obscurcir un instant, vers la fin de sa carrière, l'éclat de sa gloire militaire : aux yeux des contemporains, comme à ceux de la postérité, son front paraîtra toujours environné de l'auréole des héros.

MASSENA.

Ambroise Tardieu Direxit.

MERLIN (EUGÈNE).

Fils du directeur de ce nom, le jeune Merlin fit ses premières armes en Égypte, auprès du général Bonaparte, dont il fut l'un des aides-de-camp. Nommé colonel de cuirassiers, sa conduite sur le champ de bataille lui valut le grade de général. Il était en 1814 à la tête d'un des régimens de gardes d'honneur, et il donna à ce corps l'exemple du dévouement et de l'intrépidité.

EUGÈNE MERLIN,

MOLITOR.

La campagne de 1799, en Helvétie, a signalé ce général comme un des plus intrépides et des plus habiles chefs de l'armée française. Dans l'espace de sept jours, avec moins de 3,000 hommes, il battit successivement deux divisions autrichiennes, et arrêta la marche de plus de 15,000 Russes, commandés par Sowarow, que les champs d'Italie n'avaient point accoutumés à une résistance aussi vive et aussi extraordinaire.

MOLITOR.
Ambroise Tardieu Direxit.

MONCEY.

La carrière militaire s'ouvrit pour ce maréchal avant la révolution. Général en chef aux Pyrénées Occidentales, il contribua puissamment, en 1795, à la paix avec l'Espagne. Son nom est cité avec honneur dans le récit de plusieurs campagnes d'Italie et d'Espagne. Le maréchal Moncey joint toutes les qualités du sage au mérite du guerrier.

MONCEY.

Ambroise Tardieu Direxit.

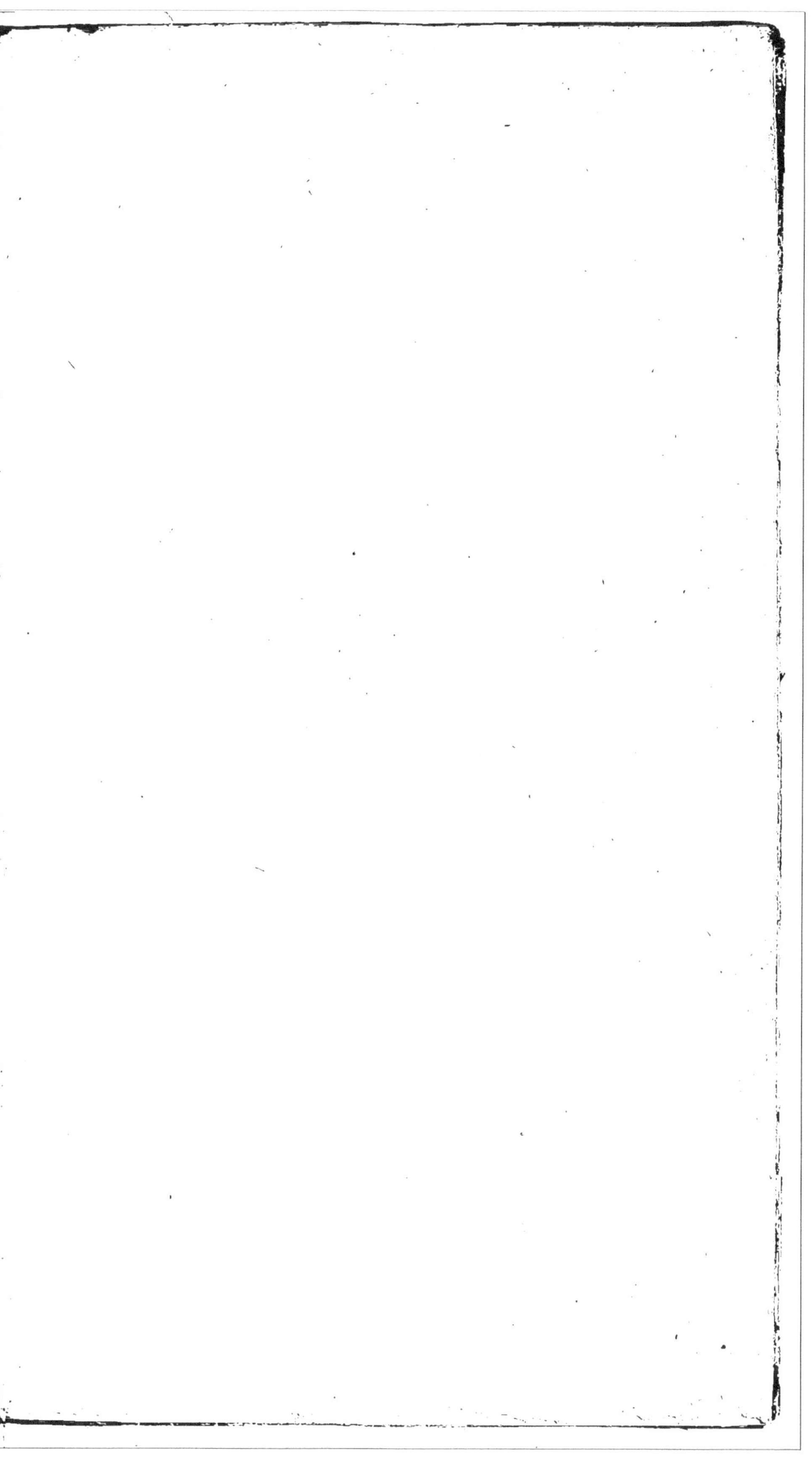

MONTBRUN.

Parvenu, après mille actions d'éclat, au commandement en chef d'un corps de cavalerie, il fit des prodiges de valeur à la bataille de Mojaïsck, et y reçut un coup mortel. La France perdit en lui un de ses guerriers les plus recommandables.

MONTBRUN.

Ambroise Tardieu Direxit.

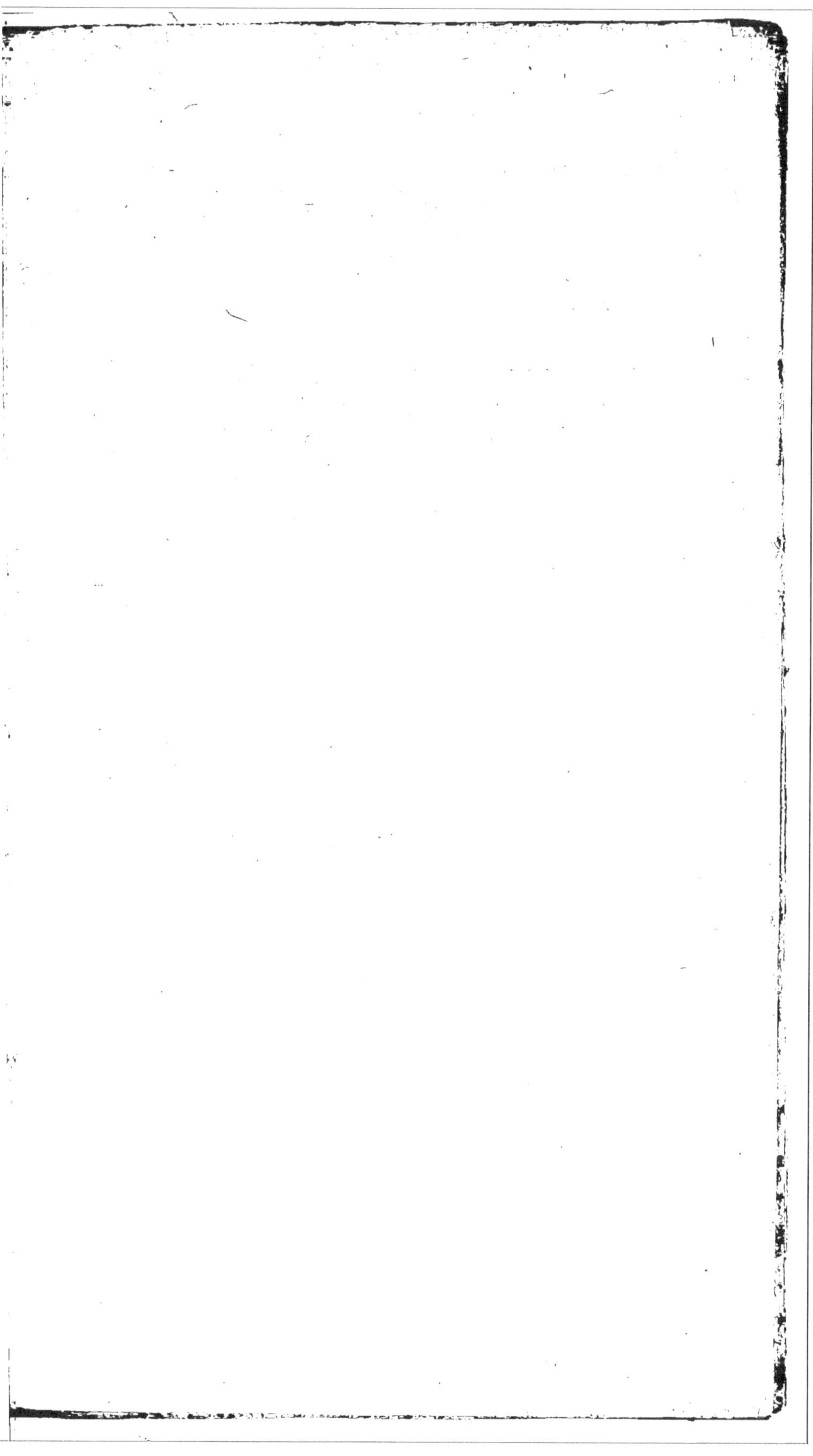

MONTHOLON.

Le nom de ce brave et généreux officier sera gravé par la muse de l'histoire sur la colonne de la fidélité et du dévouement, à côté de ceux de BERTRAND, DROUOT et LAS-CASES, et parviendra comme eux à la postérité la plus reculée.

MONTHOLON.

Ambroise Tardieu Direxit.

MORAND.

———

Il n'est presque point de champs de bataille où ce général n'ait figuré d'une manière remarquable; en Égypte, en Autriche, en Prusse, en Russie, en Saxe. Personne plus que lui ne fut digne de l'honneur de commander les chasseurs à pied de la vieille garde; de cette élite de braves, la gloire de la France et l'admiration de l'Europe.

MORAND.

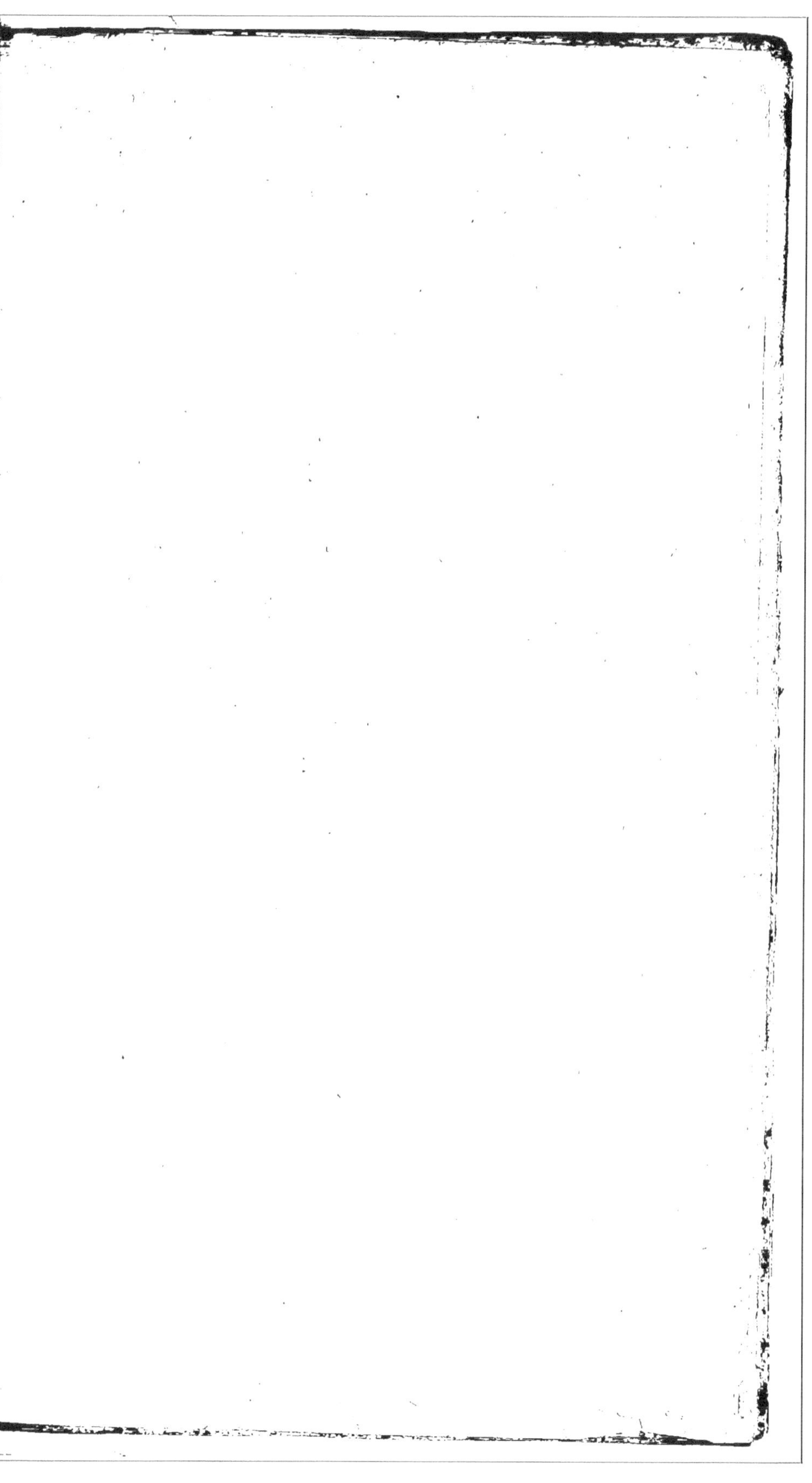

MOREAU.

Qu'est-il besoin de rappeler tous les titres de gloire du Fabius français, du général de l'armée du Rhin, du vainqueur de Hohenlinden, de celui dont la réputation militaire balance de si hautes réputations ? Le bâton de maréchal de France a été placé sur la tombe de Moreau par le souverain des Français.

MOREAU.

MORTIER.

Nous redirons pour lui ce que nous avons dit plus haut du maréchal Lefebvre. Il n'est presque point de campagnes où le maréchal Mortier n'ait figuré avec une grande distinction : le combat de Diernstein, les batailles d'Iéna, d'Eylau, de Friedland, d'Occana, de Lutzen, de Bautzen, de Dresde, de Hanau, etc., etc., en fournissent des preuves remarquables.

MORTIER.

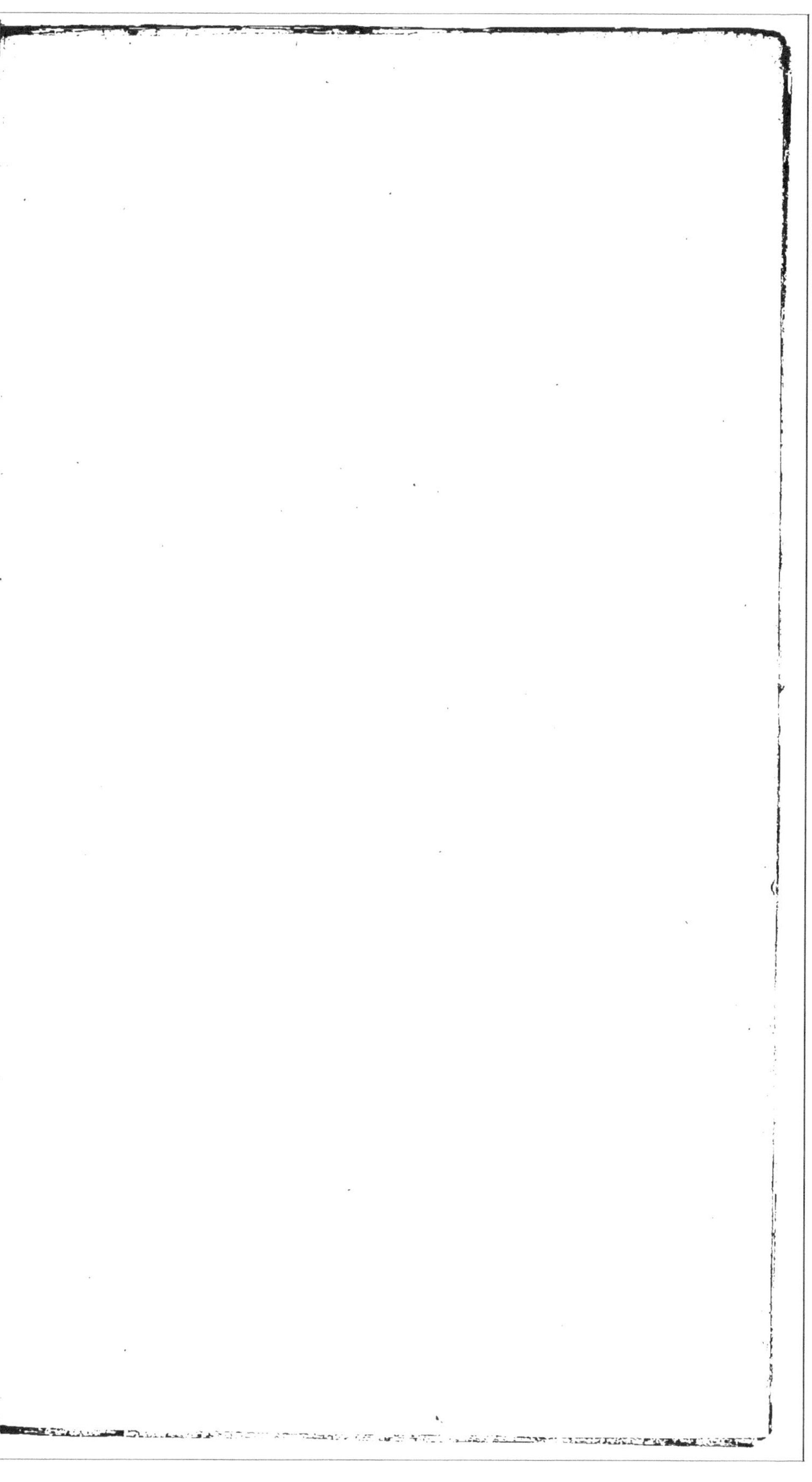

MOUTON.

Il commença au siége de Gênes, en 1799, cette haute réputation militaire qui lui a valu, avec un avancement bien mérité, l'honneur d'être l'un des aides-de-camp de Napoléon, et le titre de comte de Lobau.

G. MOUTON,

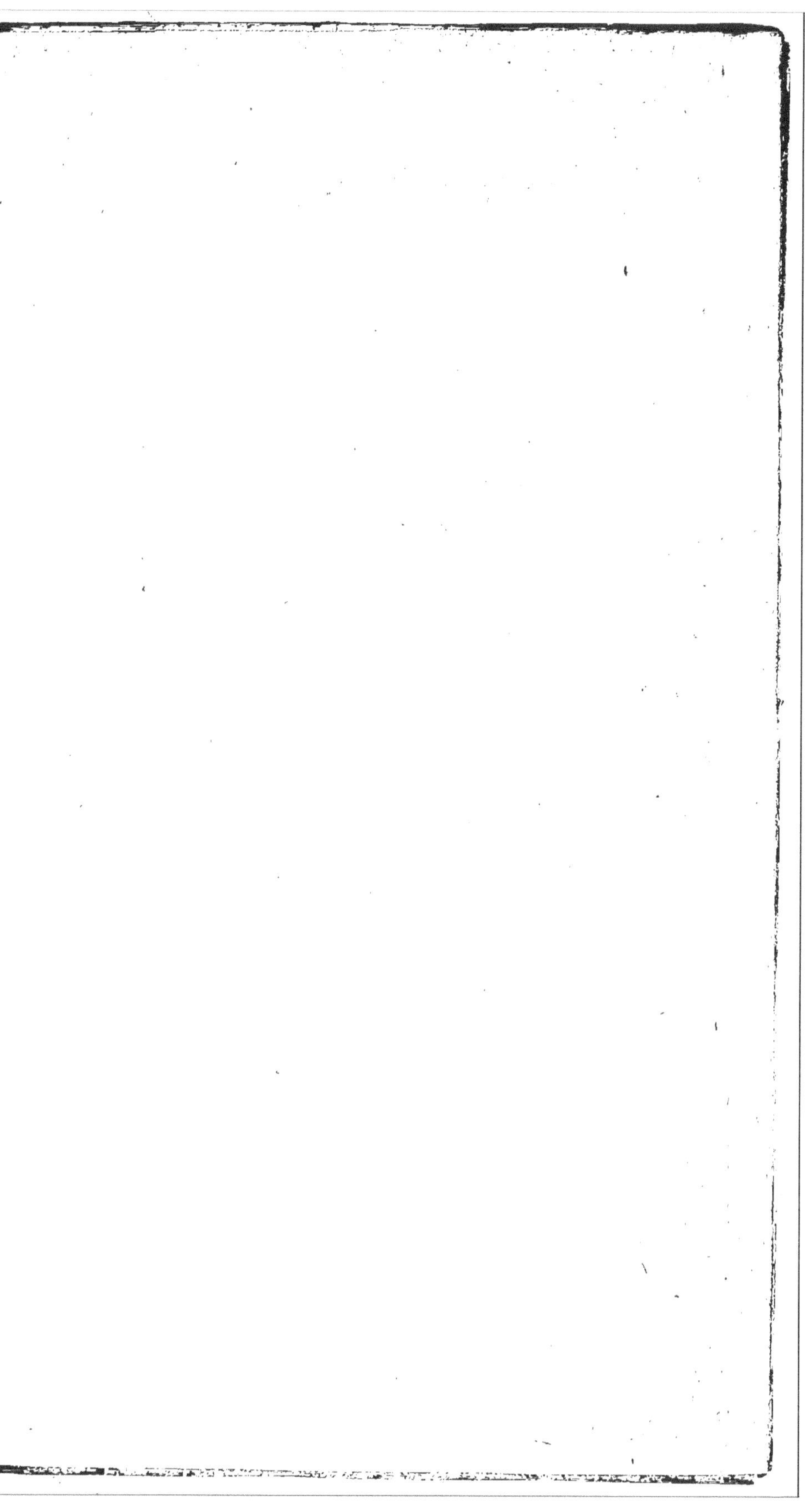

MOUTON-DUVERNET.

Pourquoi la destinée, prodigue du sang de tant
de braves, refusa-t-elle à celui-ci

« Le bonheur de mourir dans un jour de victoire ? »
(CASIMIR LAVIGNE.)

MOUTON DUVERNET.

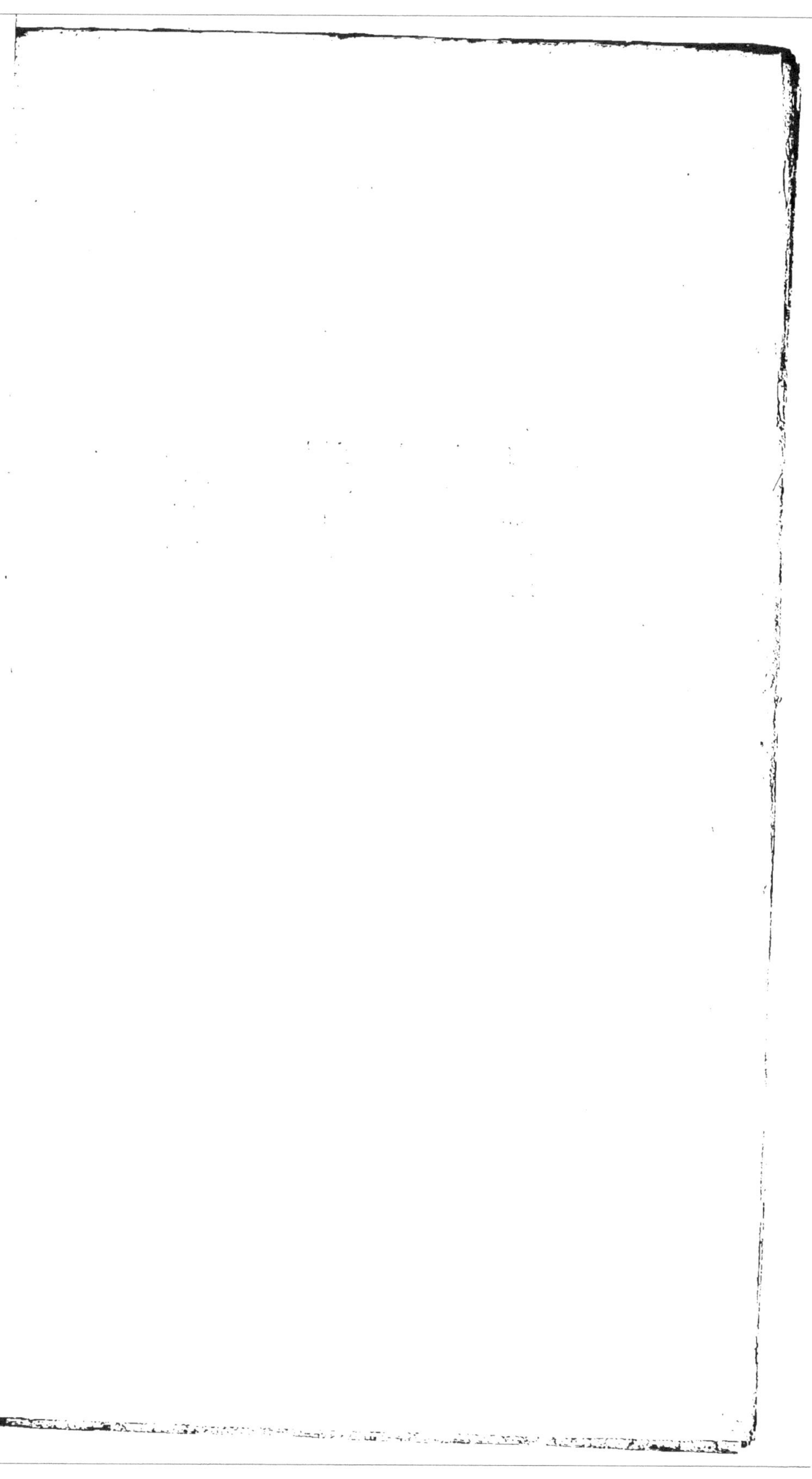

MURAT.

Les titres de grand-duc et de roi, qu'il a portés dans les dernières années de sa vie, furent bien moins honorables pour lui que celui de général, accordé à sa bravoure encore plus qu'à ses talens militaires.

MURAT.

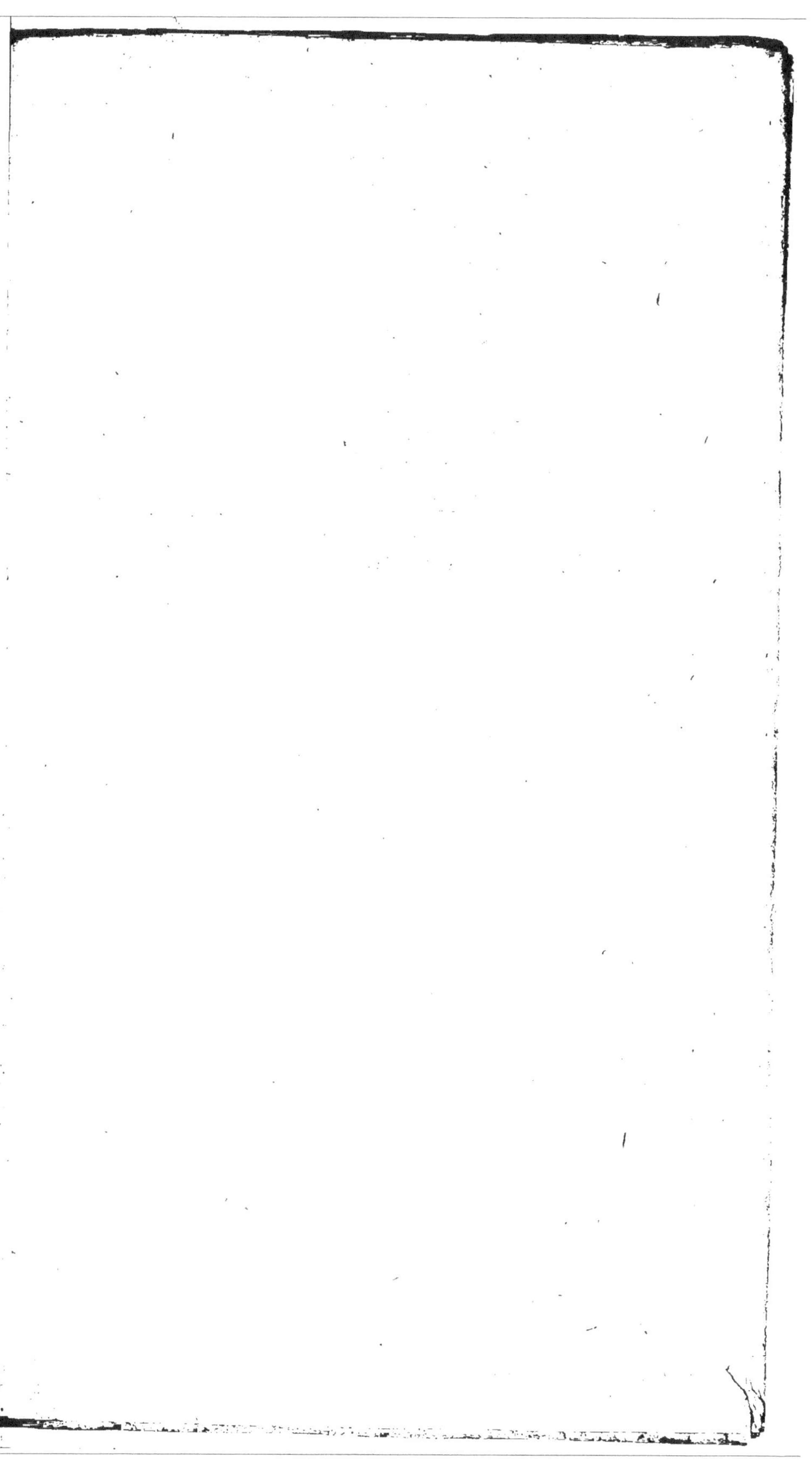

NEY.

———

Les lauriers qu'il moissonna aux champs de bataille cachent sous leur feuillage la tombe du guerrier : on se rappellera toujours de Neuwied, d'Iéna, d'Elchingein, d'Eylau, de Friedland, de la Moskowa, etc. , etc., etc.

NEY.

OUDINOT.

Ambroise Tardieu Direxit.

OUDINOT.

Intrépide grenadier, général distingué, voici encore un des héros de nos victoires en Allemagne. Couvert de blessures, dont chacune rappelle une action mémorable, le bâton de maréchal sur lequel il s'appuie, est la digne récompense de ses glorieux services. Commandant général de la garde civique de Paris, major-général de la garde royale, le maréchal Oudinot est le garant de la sûreté du trône et de celle des citoyens.

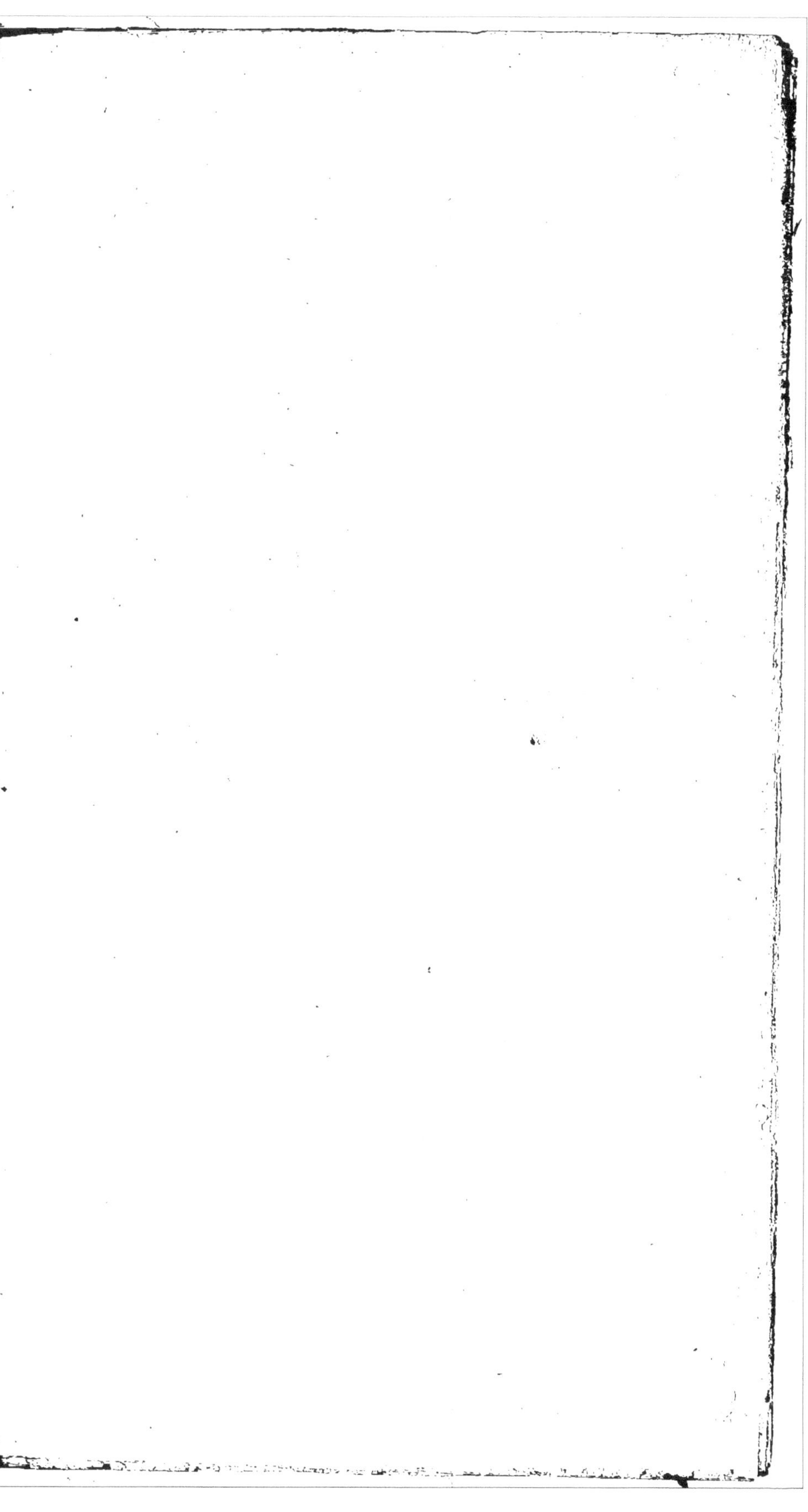

PERIGNON.

Successeur de Dugommier à l'armée des Pyrénées Orientales, il acheva la tâche de ce dernier général, et fut vainqueur. Le choix qu'on fit de lui fut justifié : les soldats de la patrie virent réaliser leurs espérances. Ses efforts s'unirent utilement avec ceux de Moncey pour amener l'Espagne à demander la paix. Homme d'état aussi bien que militaire, le maréchal Pérignon avait été en 1791 de la première législature ; il fut ensuite ambassadeur, et mourut pair de France.

PERIGNON.

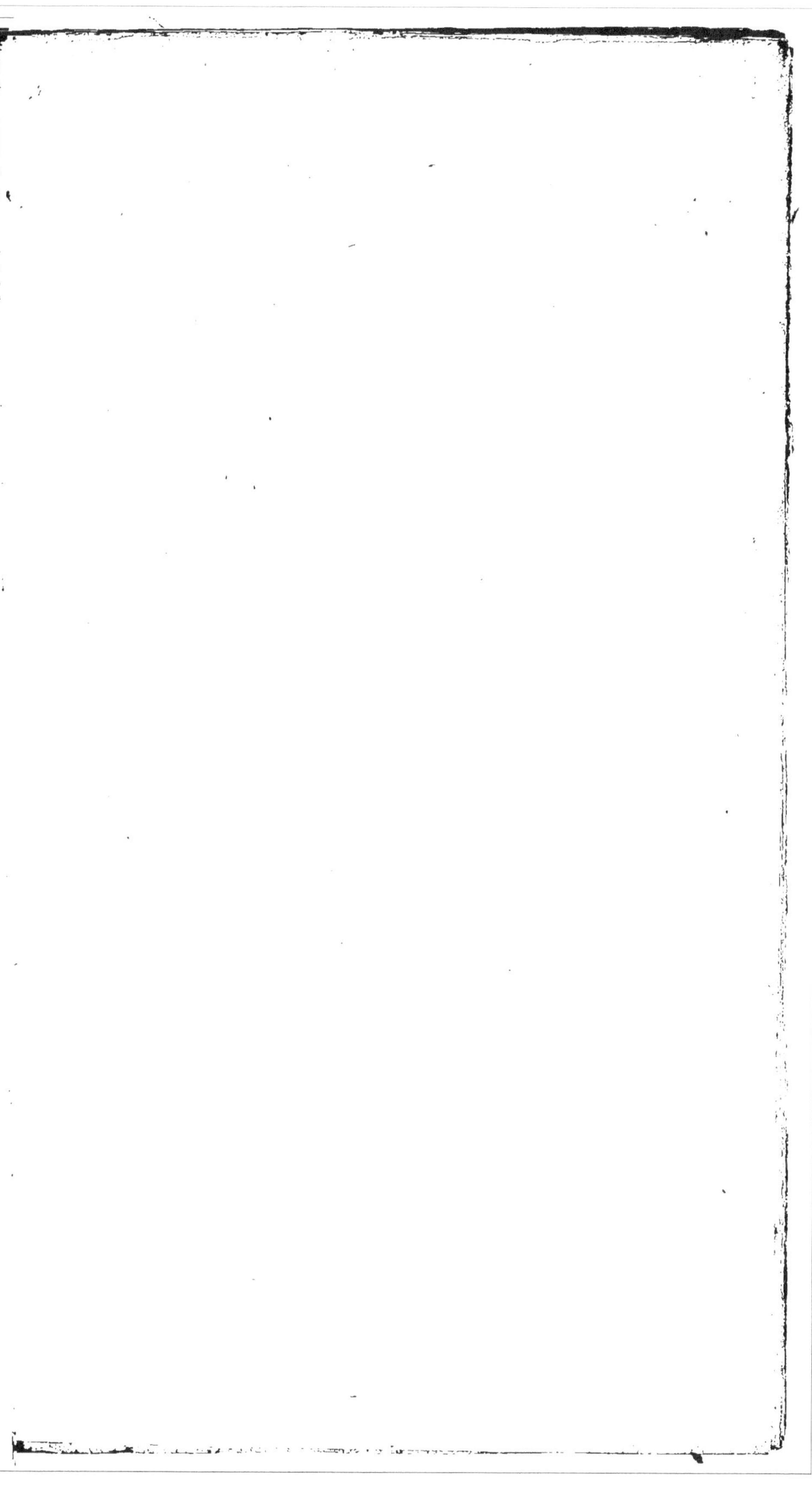

PICHEGRU.

Nous ne présentons ici que le conquérant de la Hollande. Il répondra du reste au tribunal de la postérité.

PICHEGRU.

Ambroise Tardieu Direxit.

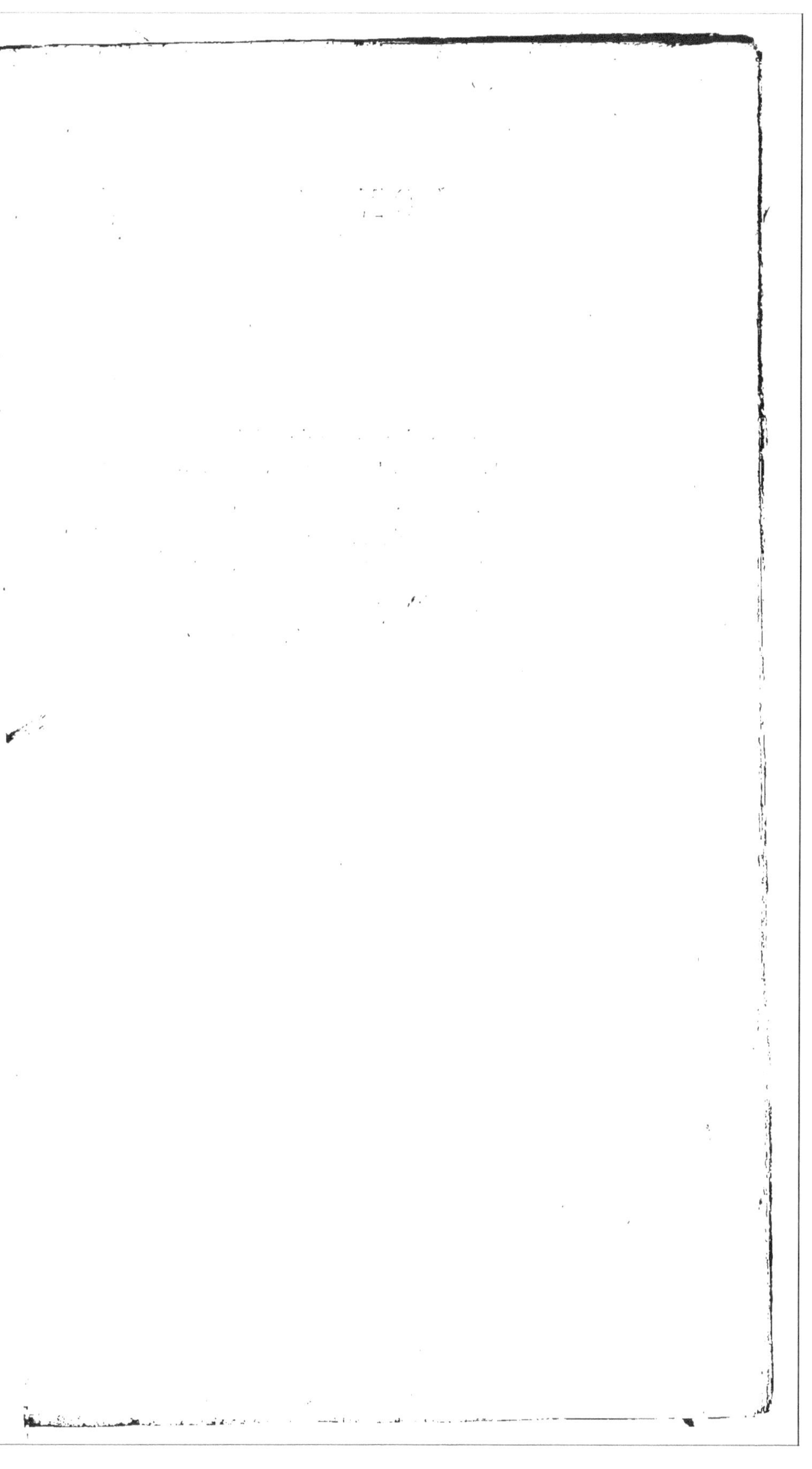

PONIATOWSKY.

———

Ce guerrier, neveu du roi de Pologne, nous rappela le maréchal de Saxe, fils d'un roi de cette nation. Il a combattu dans nos rangs; il a donné un nouvel éclat au nom illustre qu'il portait. Les généraux français verront avec plaisir figurer parmi eux le prince auquel ses adversaires ont élevé un monument de gloire. Serions-nous moins justes que les Russes envers celui qui a porté les armes pour sa patrie et pour la nôtre?

PONIATOWSKI.

[illegible]

PORET DE MORVAN.

Colonel d'un régiment d'infanterie légère, il sut par sa bravoure, sa loyauté et son désintéressement, mériter l'estime et l'affection des Espagnols qu'il combattait. Général, il conduisit à Waterloo un bataillon de cette vieille garde, l'admiration de l'Europe.

POItET DE MORVAN.

PRÉVAL.

***

Après avoir servi avec distinction comme colonel et général, il fut employé dans la partie administrative de l'armée. Les dangers de la patrie lui firent reprendre les armes en 1813 et 1814, et l'on dut à ses soins la remonte d'une grande partie de la cavalerie. Il est encore aujourd'hui un des membres les plus remarquables du conseil de la guerre.

PRÉVAL.
Ambroise Tardieu Direxit.

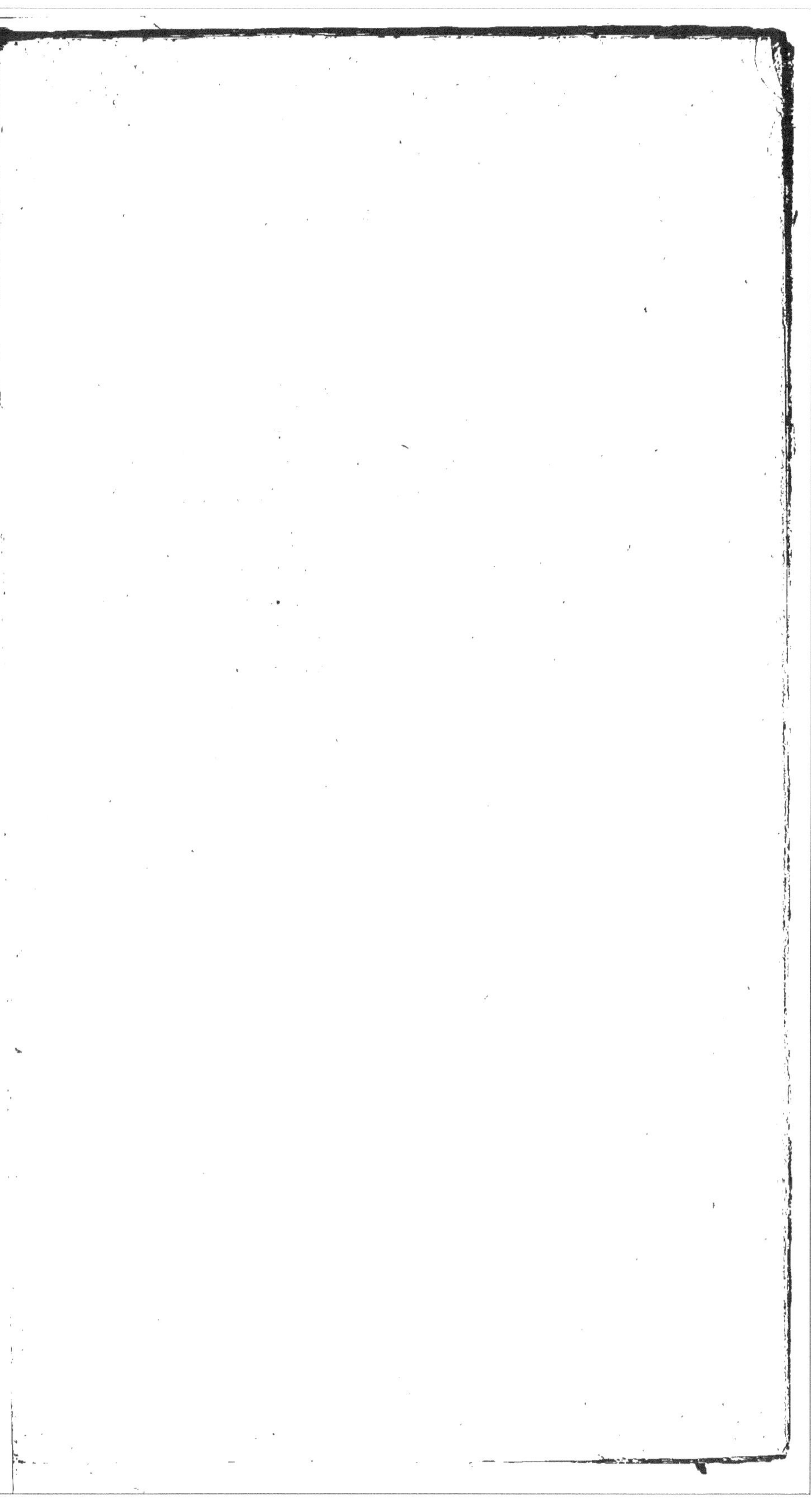

PROST.

Capitaine d'artillerie légère à la création de ce corps, il fixa les yeux de toute l'armée par son extraordinaire bravoure, sa rare intelligence et le bonheur de ses opérations. Dans toutes les affaires où ce guerrier se trouvait présent, ses compagnons d'armes étaient sûrs de la victoire : ils lui avaient donné le nom de l'arme dont il savait tirer un si grand parti. « L'ennemi est vaincu, disaient-ils, le capitaine Canon est avec nous. »

PROST.

Ambroise Tardieu Direxit.

PRYVÉ.

———

C'est dans un des plus fâcheux événemens de nos guerres que ce général trouva l'occasion de développer toute l'intrépidité de son courage. Vainqueur des Espagnols à la malheureuse affaire de Baylen, il ne tint pas à lui que l'armée française n'échappât à la honte de passer sous le joug qu'une désespérante fatalité lui imposait : non-seulement les sages conseils du général Pryvé ne furent pas suivis, mais il eut encore à subir, seul de tous les généraux, une longue captivité qui ne put être adoucie que par le sentiment de la conduite la plus honorable. Il sut encore, par l'exemple de sa fermeté et de sa résignation, consoler dans les prisons de l'ennemi, ses nombreux compagnons d'infortune. (*Voyez* au tome XVI *des Victoires et Conquêtes* la catastrophe de Baylen.)

PRIVÉ.

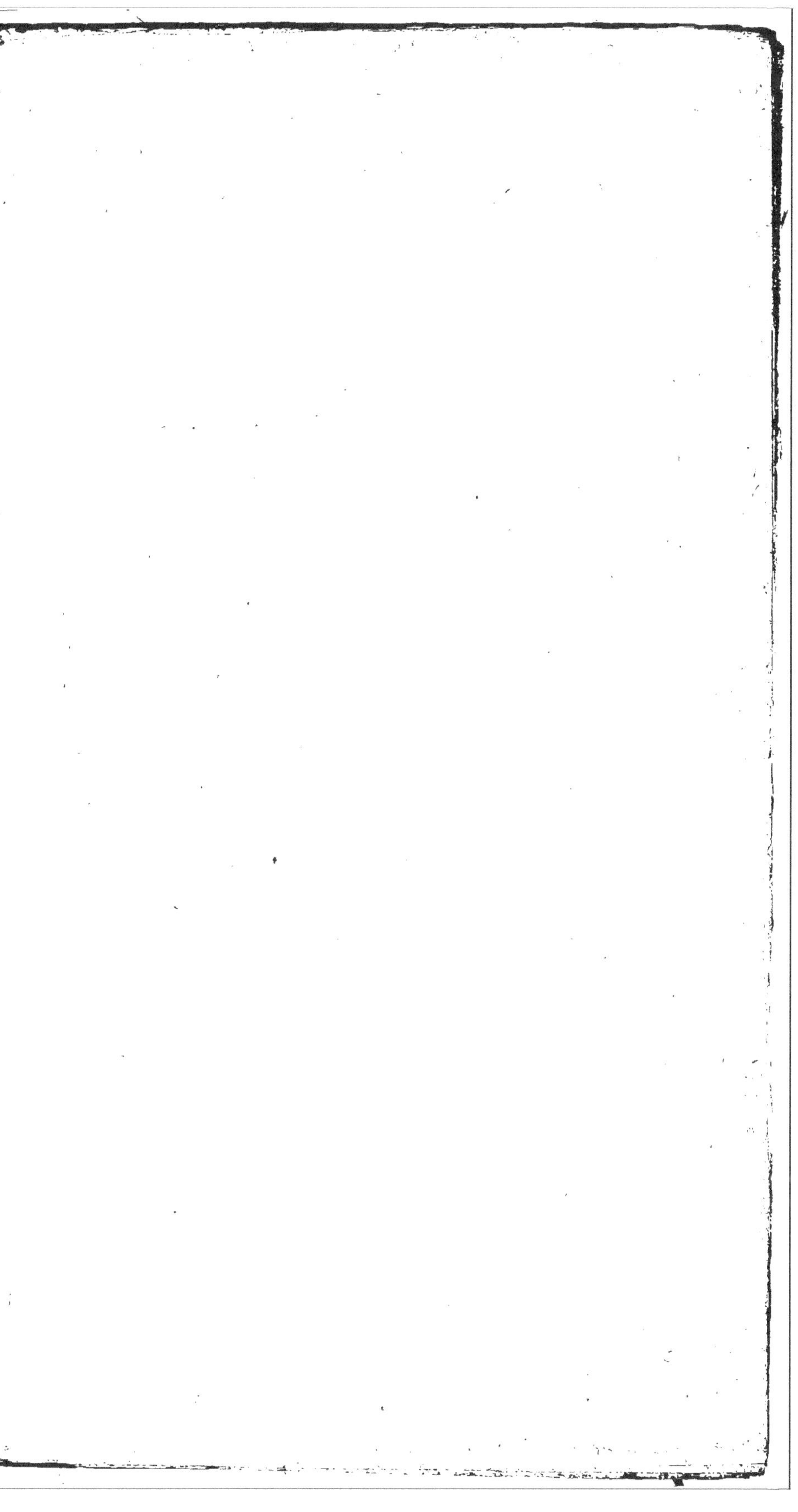

RAMPON.

Honneur au héros de Montelesimo, au digne chef de la trente-deuxième demi-brigade, à l'un des plus illustres vétérans de l'armée française.

RAMPON.

RAPP.

La journée d'Austerlitz et la défense de Dantzick placent l'ancien aide-de-camp de Desaix dans le rang le plus distingué.

RAPP.

Ambroise Tardieu Direxit.

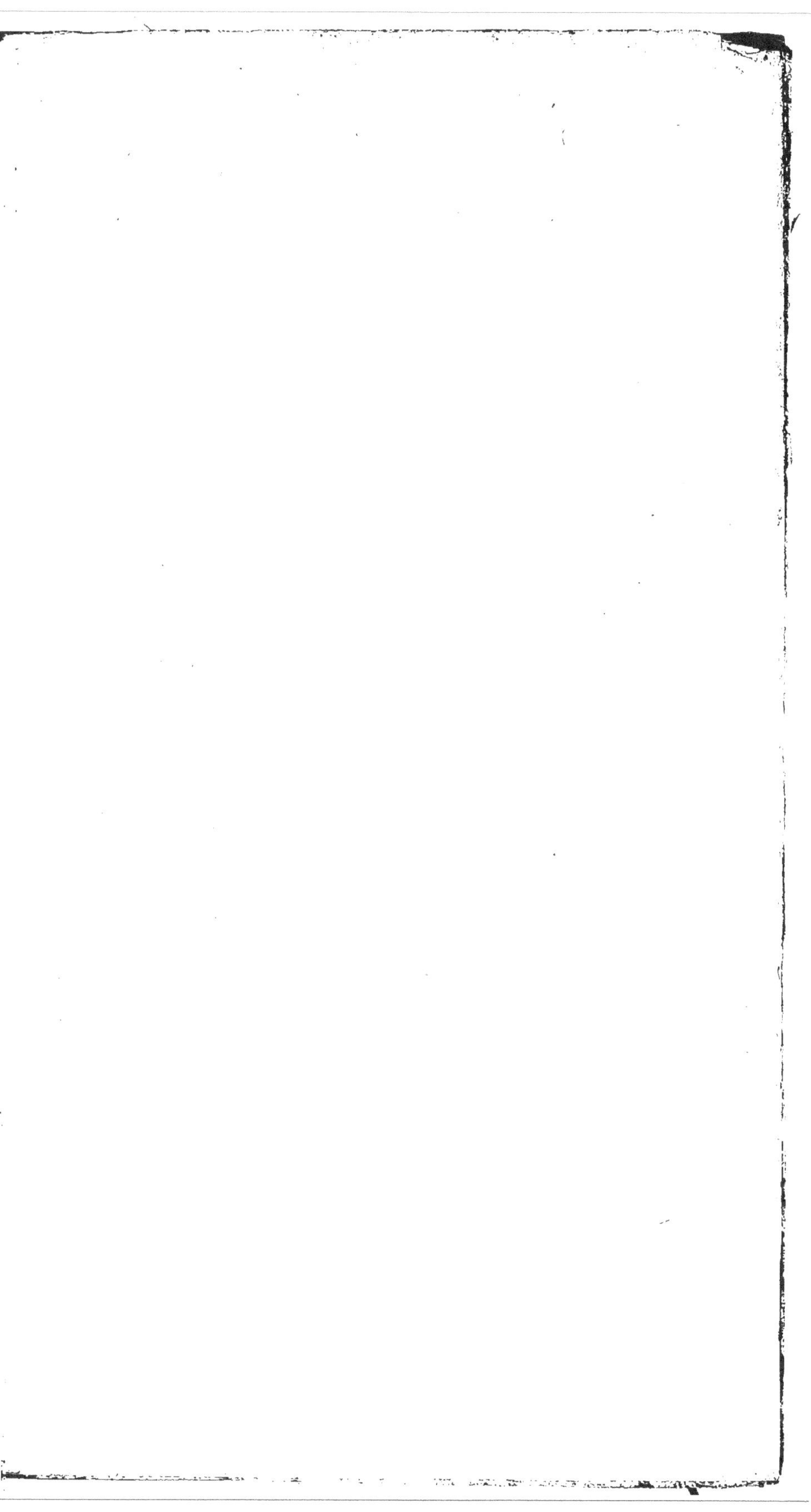

REILLE.

Gendre du maréchal Masséna, le général Reille s'est montré digne de cette noble alliance dans tout le cours de sa vie militaire; aide-de-camp de Napoléon, chargé de commandemens importans, il est peu de campagnes où il n'ait figuré de la manière la plus honorable.

REILLE.

Ambroise Tardieu Direxit.

REYNIER.

Cet officier général se fit remarquer presque à son début dans la carrière militaire. Chef d'état-major de Moreau, les succès obtenus par l'armée du Rhin ne lui sont point étrangers. La campagne d'Égypte le signala d'une manière glorieuse : l'armée saxone est fière de l'avoir eu pour général. Il est mort pauvre, regretté de nombreux amis.

REYNIER.

Ambroise Tardieu Direxit.

RICARD.

Après avoir rempli long-temps auprès du maréchal Soult les fonctions de premier aide-de-camp, il mérita par sa conduite distinguée de parvenir aux grades supérieurs. Il combattit avec gloire à Austerlitz, à Eylau, à Wagram, en Portugal, sur la Dwina, sur la Moskowa, à Krasnoe, à Lutzen, à Bautzen, à Leipsig, à Montmirail, sous les murs de Paris. Il est aujourd'hui membre de la chambre des pairs.

RICARD.

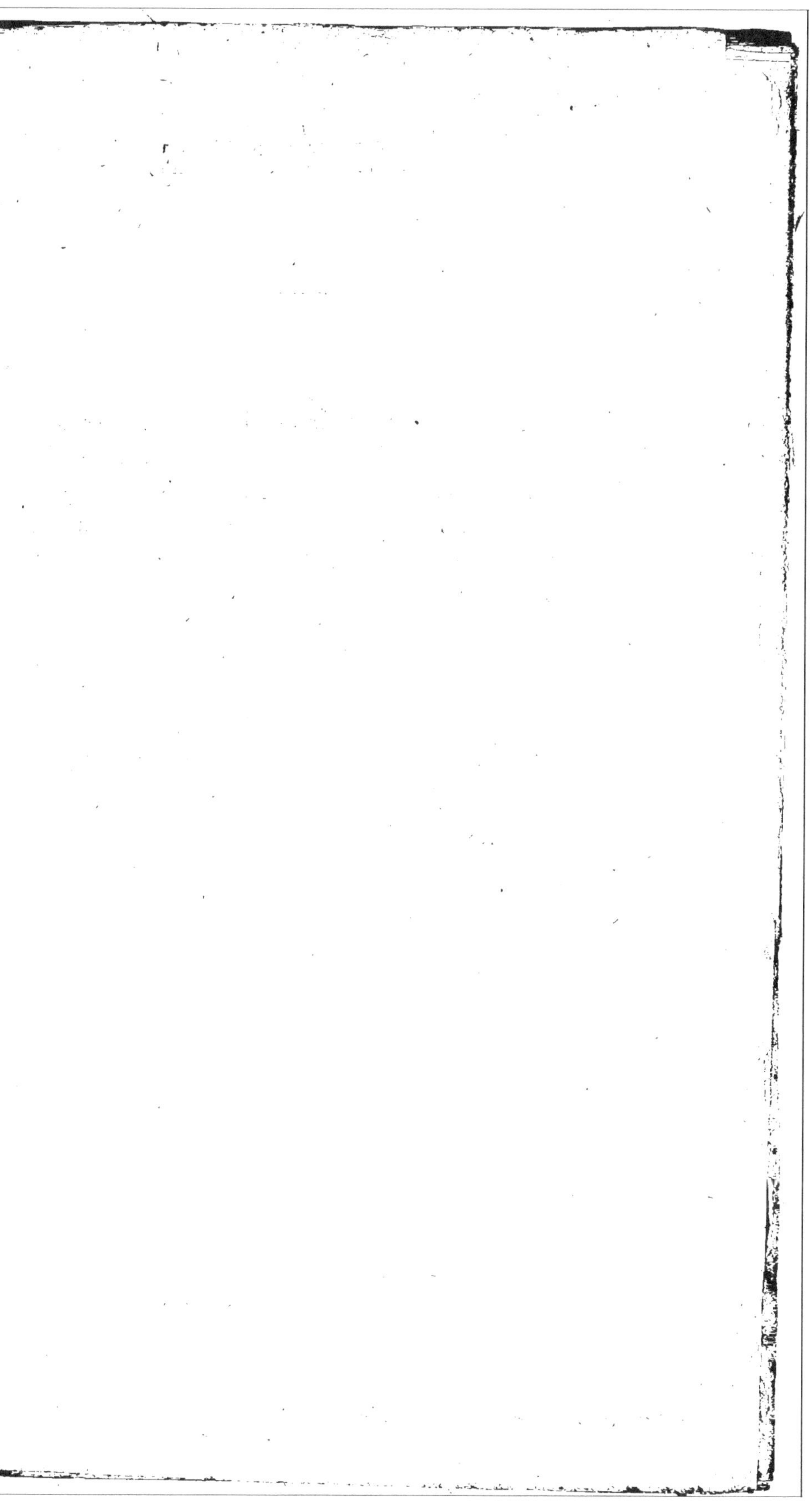

RICHEPANSE.

—

Né au milieu des camps, il fut, dès le berceau, voué au métier des armes; long-temps simple soldat, il parvint rapidement au grade de général lorsque les premières campagnes de la révolution eurent fait connaître sa rare intrépidité et ses talens militaires. Les combats d'Altenkirchen, de Fossano, et la célèbre bataille de Hohenlinden justifièrent son avancement. Gouverneur de la Guadeloupe, il s'occupait, après avoir vaincu les nègres rebelles, de réparer, par de sages mesures administratives, les malheurs de cette colonie, lorsque la mort vint l'enlever à l'armée qui le chérissait, et aux créoles dont il était l'espoir.

A.^{ne} DE RICHEPANSE.

RIVAUD DE LA RAFFINIÈRE.

Chef du quatrième bataillon de la Charente en 1791, il se signala aux batailles d'Hondscoote, de Watignies, et au blocus de Maubeuge, rendit de grands services au siége de Mantoue, et eut part aux brillans succès de l'armée d'Italie. Nommé général de brigade, il se couvrit de gloire à la bataille de Marengo, en défendant ce village pendant long-temps contre des forces supérieures. Général de division en 1802, il servit en Hanovre, et fit avec honneur les campagnes de 1806, 1807 et 1809. Il commande aujourd'hui une des divisions militaires de la France.

RIVAUD DE LA RAFFINNIÈRE.

Ambroise Tardieu Direxit.

RIVAUD (JEAN-BAPTISTE).

Il fut l'ami intime et le compagnon de l'immortel Desaix. Victime d'une maladie aiguë, il était digne de périr sur le champ d'honneur comme son ami; comme lui, il regretta à ses derniers momens de n'avoir point assez fait pour la patrie.

J.B.RIVAUD.

ROME.

Sa conduite comme colonel lui valut le grade de général : il y a soutenu une réputation méritée par les plus honorables services.

ROME.

Ambroise Tardieu Direxit.

SAINT-CYR (GOUVION).

Ses talens militaires se développèrent de bonne
heure. Général dès 1793, les campagnes du Rhin,
d'Italie, de Prusse, de Pologne, de Catalogne,
de Russie, attestent et ses nombreux succès et ses
importans services. Nommé deux fois ministre de
la guerre, le maréchal Saint-Cyr réunit les qualités
administratives aux vertus guerrières.

GOUVION SAINT-CYR.

Ambroise Tardieu Direxit.

SANSON.

—

Professeur de mathématiques à l'école de Sorrèze, les dangers de la patrie l'appelèrent sur les champs de bataille. Officier du génie, l'un des plus distingués de cette arme, il mérita l'estime et la confiance de Napoléon aux armées d'Italie et d'Egypte. Ses services et ses talens lui valurent le poste honorable de directeur du dépôt de la guerre, qu'il a gardé jusqu'en 1816, époque où il a été mis à la retraite.

SANSON.

Ambroise Tardieu Direxit.

HORACE SEBASTIANI.

Guerrier, diplomate, législateur, dans ces différentes situations, Horace Sebastiani a fixé les regards et mérité constamment l'estime de ses concitoyens.

SÉBASTIANI.

PHILIPPE DE SÉGUR.

Petit-fils d'un maréchal de France, fils d'un homme d'État également cher à la patrie et aux muses, Philippe de Ségur, loin de dégénérer, aurait pu lui seul fonder l'illustration de sa famille.

PHI.PDE SÉGUR,

Ambroise Tardieu Direxit.

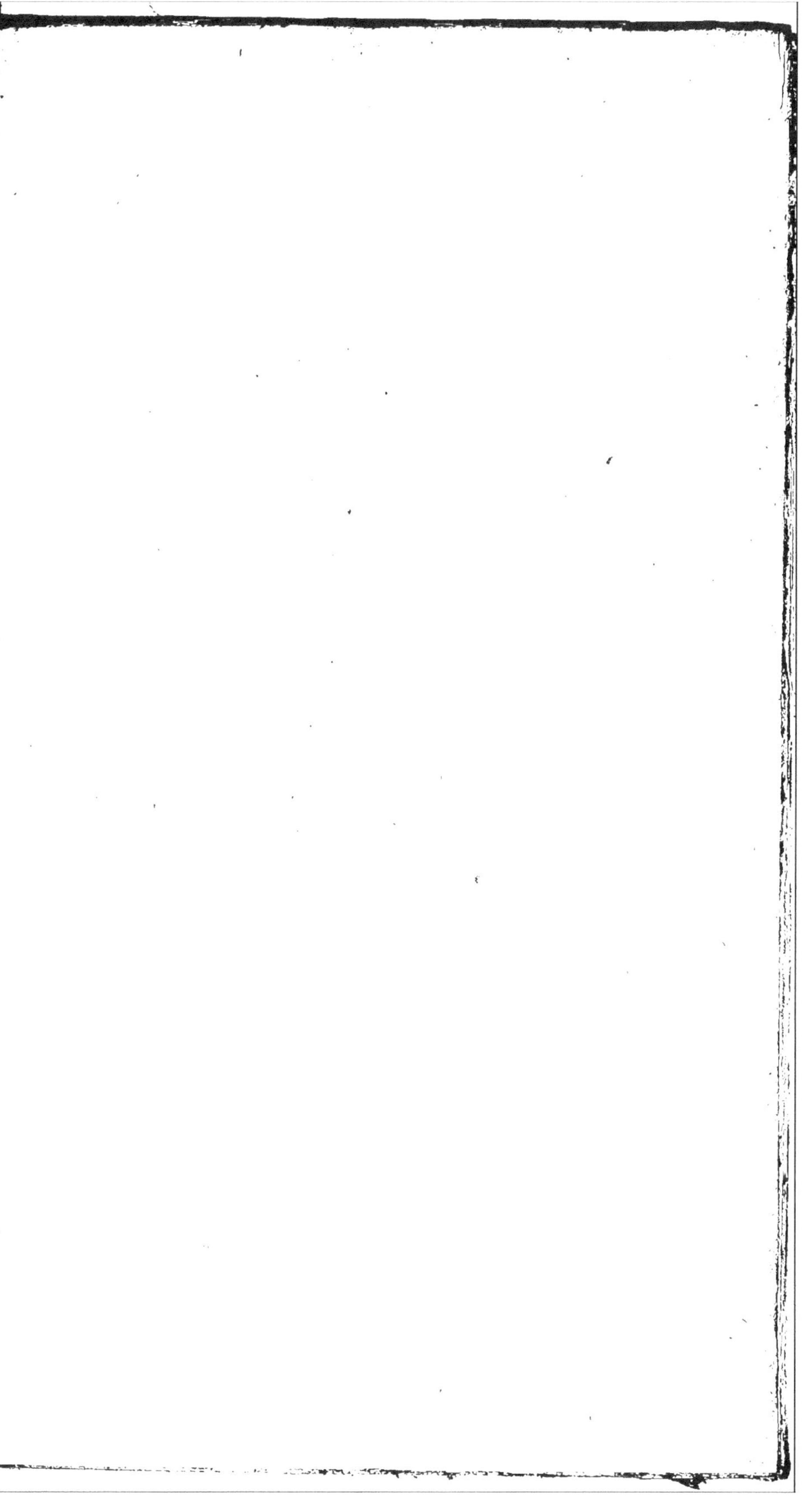

SERRURIER.

Officier avant la révolution, les campagnes d'Italie ont développé les talens distingués de ce maréchal, dont le nom se rattache à un grand nombre d'actions glorieuses. Son intégrité l'avait fait surnommer, par les peuples vaincus, la *vierge de l'Italie*.

SERRURIER.

Ambroise Tardieu Direxit.

SUCHET.

La défense du pont du Var, en 1800, suffirait seule pour justifier le mérite du duc d'Albufera et la reconnaissance nationale, si sa conduite en Allemagne, et surtout en Espagne, ne mettait pas le comble à sa haute réputation.

SUCHET.

SOUHAM.

Soldat avant la révolution, il prouva, dès le commencement de la guerre, qu'il possédait les talens de général. Le succès de la bataille de *Turcoing* lui appartient en grande partie; la prise de Nimègue lui fait honneur; d'autres actions également honorables ont signalé sa carrière militaire. Il eut l'estime de Moreau, dont il partagea la disgrâce en 1804.

SOUHAM.

Ambroise Tardieu Direxit

SOULÈS.

Soldat en 1776, officier en 1792, il était chef de bataillon à l'armée d'Italie lorsque Bonaparte le choisit pour commander l'un des bataillons de chasseurs de la garde des consuls. Il obtint un sabre d'honneur à la bataille de Marengo, et le grade de général à celle d'Austerlitz. Appelé au sénat conservateur, en 1807, en récompense de sa conduite aux batailles d'Jena, d'Eylau et de Fried-land, il cessa de prendre part aux opérations de l'armée active. Il signa, en 1814, l'acte de dé-chéance de Napoléon; et, étant resté fidèle à la cause du Roi, pendant l'invasion de 1815, il fut maintenu sur la liste de la Chambre des Pairs dont il faisait partie depuis 1814.

SOULÈS.

Ambroise Tardieu Direxit.

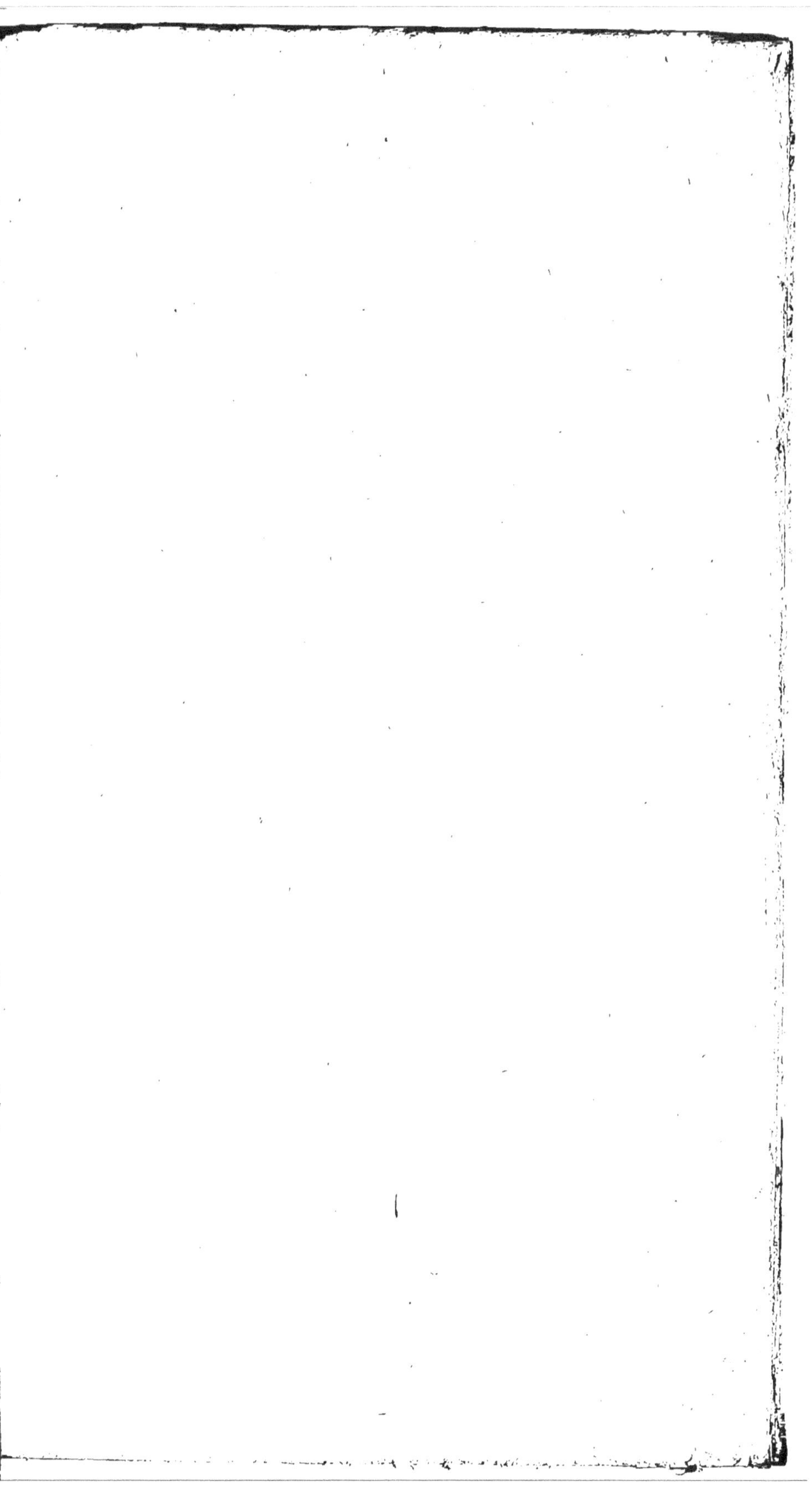

SOULT.

—

Général en 1794, digne lieutenant de Masséna dans la défense du pays de Gênes, il contribua d'une manière remarquable à nos victoires en Allemagne, notamment dans les champs d'Iéna, et de Friedland. Adversaire redoutable et souvent heureux des généraux anglais, il disputa la victoire sous les murs de Toulouse avec une armé des deux tiers moins nombreuse que celle des alliés.

SOULT.

TARAYRE.

Il servit avec distinction en Italie, en Egypte, en Allemagne, en Hollande: la tribune législative est aujourd'hui pour ce guerrier un champ de bataille non moins honorable et peut-être aussi dangereux.

TARAYRE,

Ambroise Tardieu Direxit.

TURREAU.

—

Officier à l'époque de la révolution, il obtint un avancement rapide et fut successivement employé comme général dans la Vendée, aux Pyrénées, en Italie et en Allemagne. Sa conduite administrative dans le Valais lui valut, en 1804, le poste de ministre plénipotentiaire près les États-Unis d'Amérique, où il resta jusqu'en 1810. Employé ensuite en Allemagne, il y commandait encore, en 1814, la ville et la citadelle de Wurtz-bourg, lorsqu'il fut obligé d'en faire la remise par suite du traité de paix conclu avec les alliés.

TURREAU.

Ambroise Tardieu Direxit.

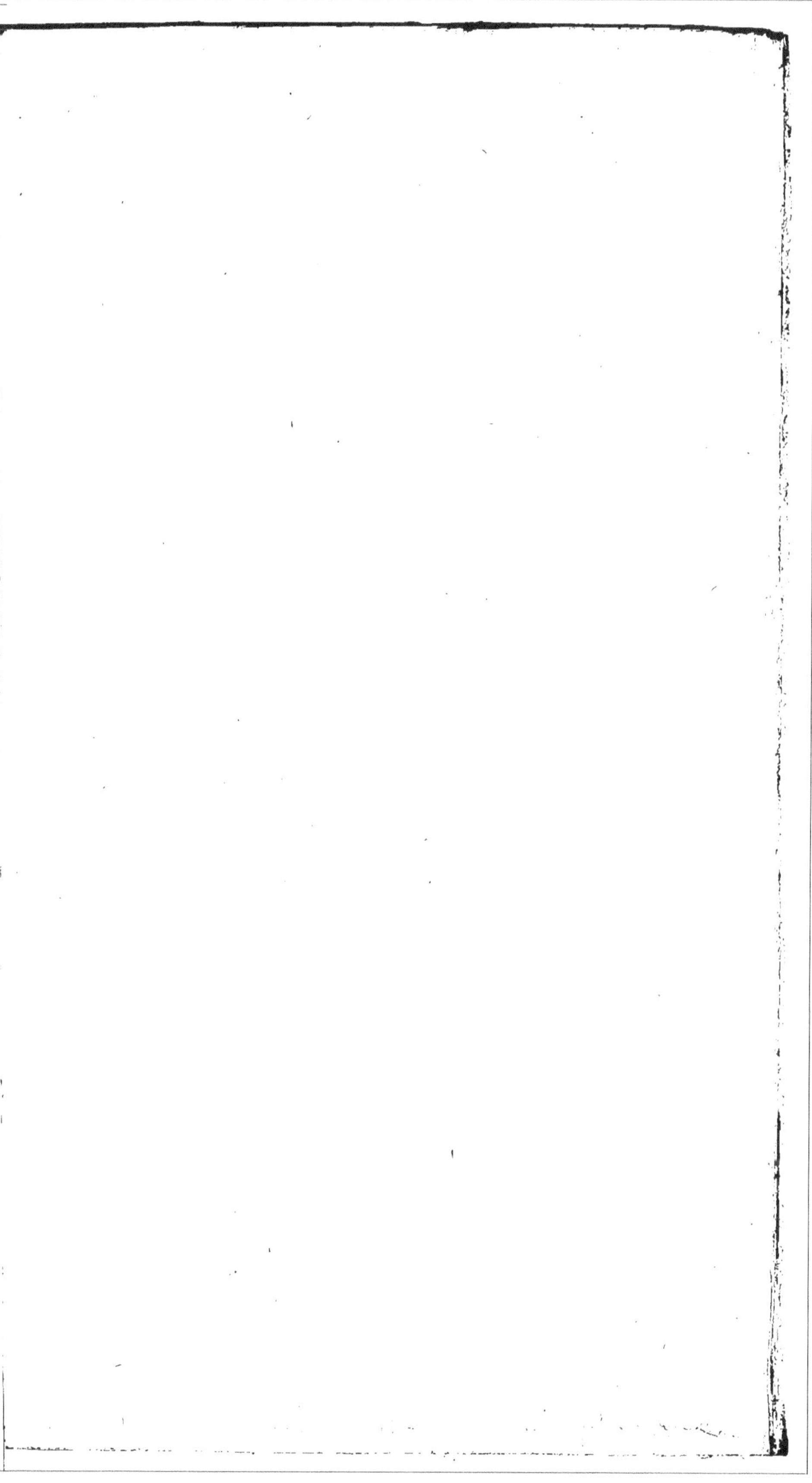

VALENCE.

Fils d'un ancien lieutenant-général des armées du Roi, le comte de Valence était colonel en 1784. Député suppléant aux états-généraux de 1789, il n'y prit point séance; mais il suivit le maréchal Luckner à l'armée, comme maréchal-de-camp. Il passa ensuite sous les ordres de Dumouriez; et, nommé le 4 août lieutenant-général, il commandait les grenadiers réunis à l'affaire de Valmy, où il détermina, par sa contenance, le duc de Brunswick, qui avait tourné l'armée française, à cesser son attaque. Il suivit ensuite les Prussiens dans leur retraite, et signa la capitulation qui les forçait à évacuer la France. Il fit des prodiges de valeur à la bataille de Neerwinde, et y fut blessé de plusieurs coups de sabre. Contraint de s'éloigner de France, sur la nouvelle de sa mise hors la loi par la convention nationale, Valence ne porta point les armes contre sa patrie, et vécut, dans une retraite ignorée, en Danemarck, jusqu'à la révolution du 18 brumaire. Membre du sénat, en 1805, il fut encore employé dans l'armée active, et se distingua surtout au combat de Mohilow, en Russie, où il commandait un corps de cavalerie. Rayé de la liste des Pairs, par suite des événemens de 1815, le comte de Valence fait de nouveau partie de cette chambre depuis 1819.

VALENCE.

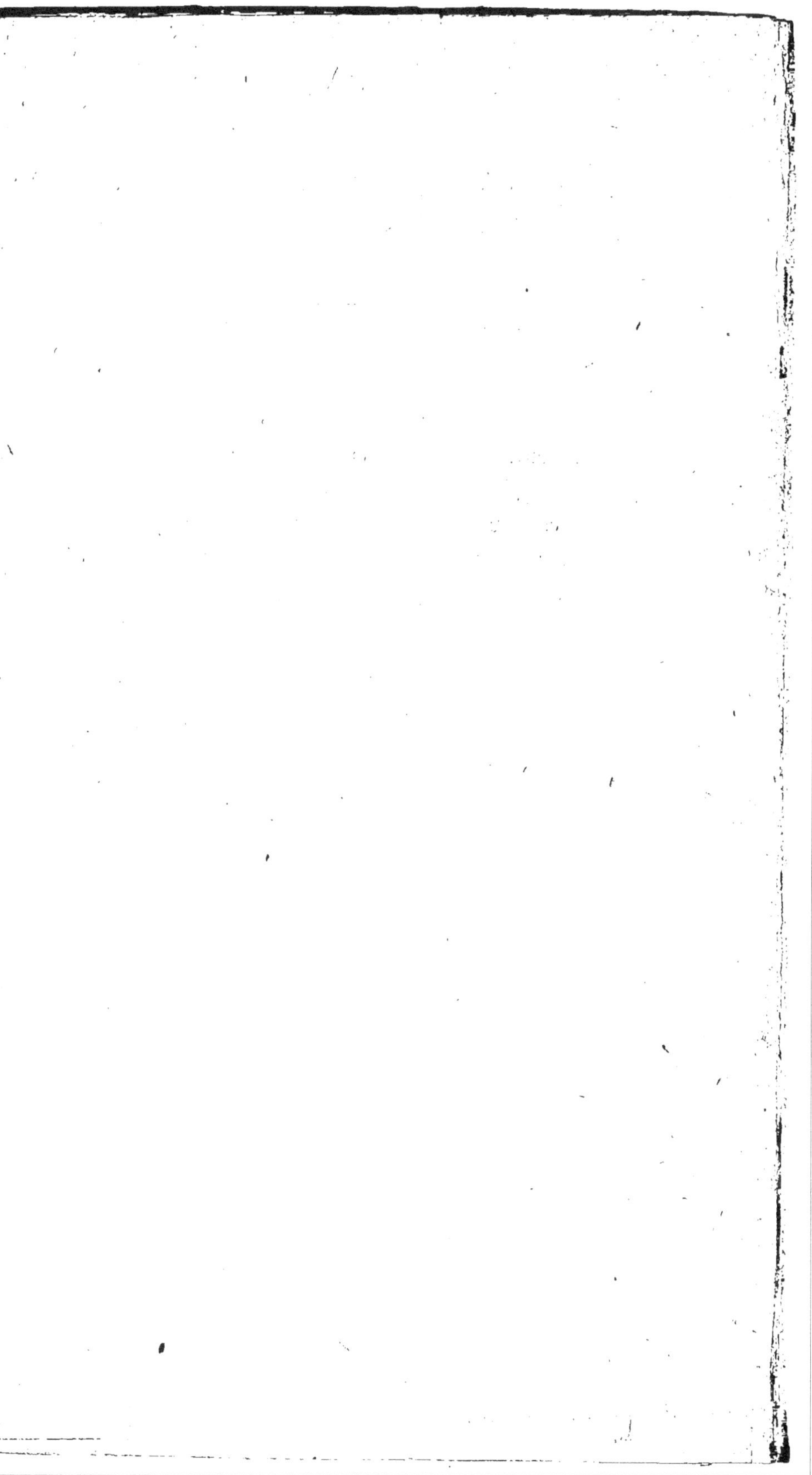

VALLONGUE.

Ce fut un beau talent militaire moissonné dans sa fleur. Nous répéterons ce qu'ont dit de ce jeune général les auteurs de nos Annales militaires : « Il joignait à toutes les qualités du guerrier celles qui constituent l'homme aimable et les vertus qui distinguent le bon citoyen. »

VALLONGUE.

Ambroise Tardieu Direxit

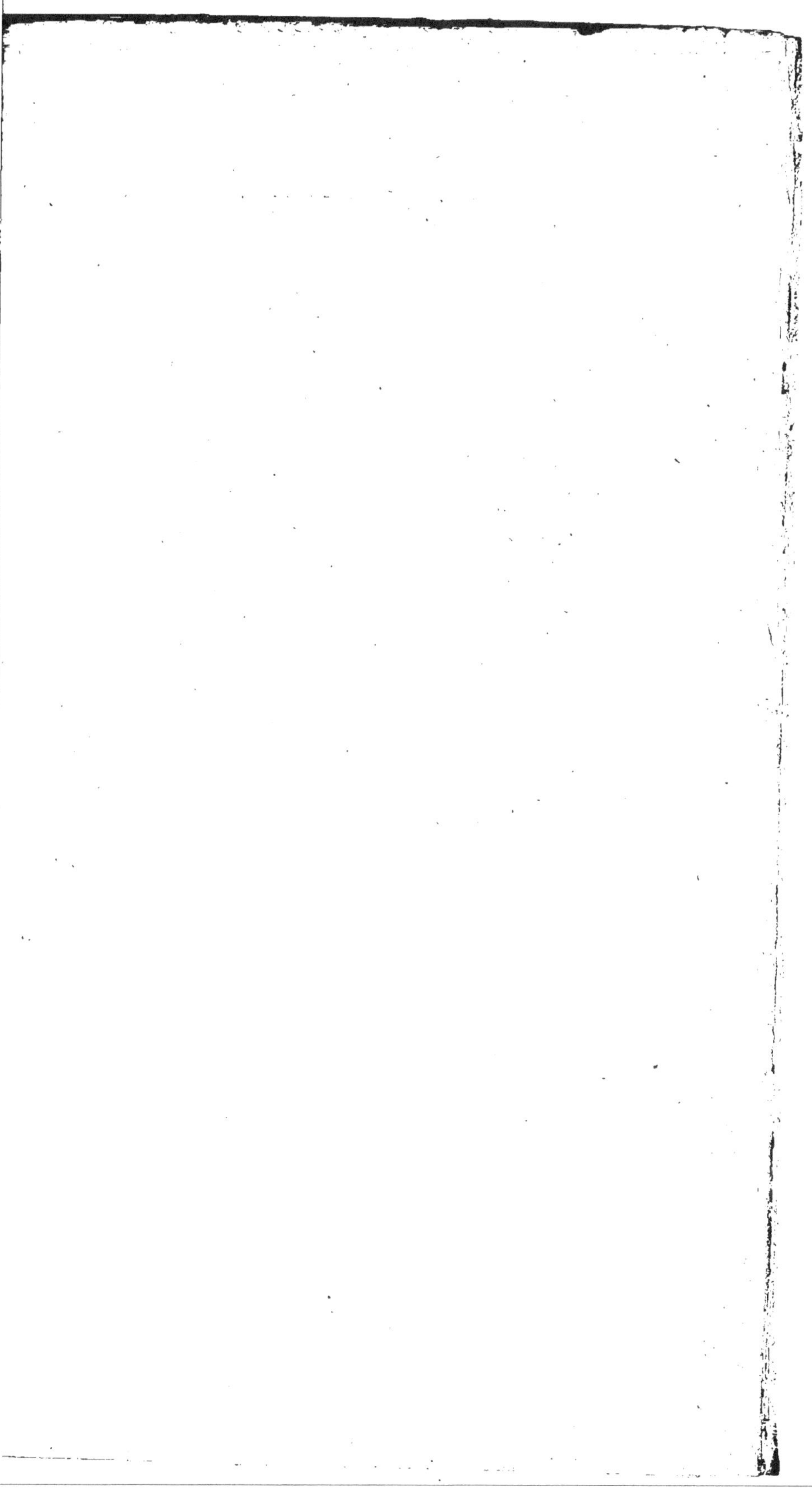

VANDAMME.

Général dès la première campagne de la révolution, il est peu de combats importans où son nom ne figure avec honneur. Chargé plusieurs fois de commander les troupes des puissances alliées de la France, il sut imprimer à ses soldats le même élan qui signala tant de fois les guerriers de la patrie.

VANDAMME.

Ambroise Tardieu Direxit.

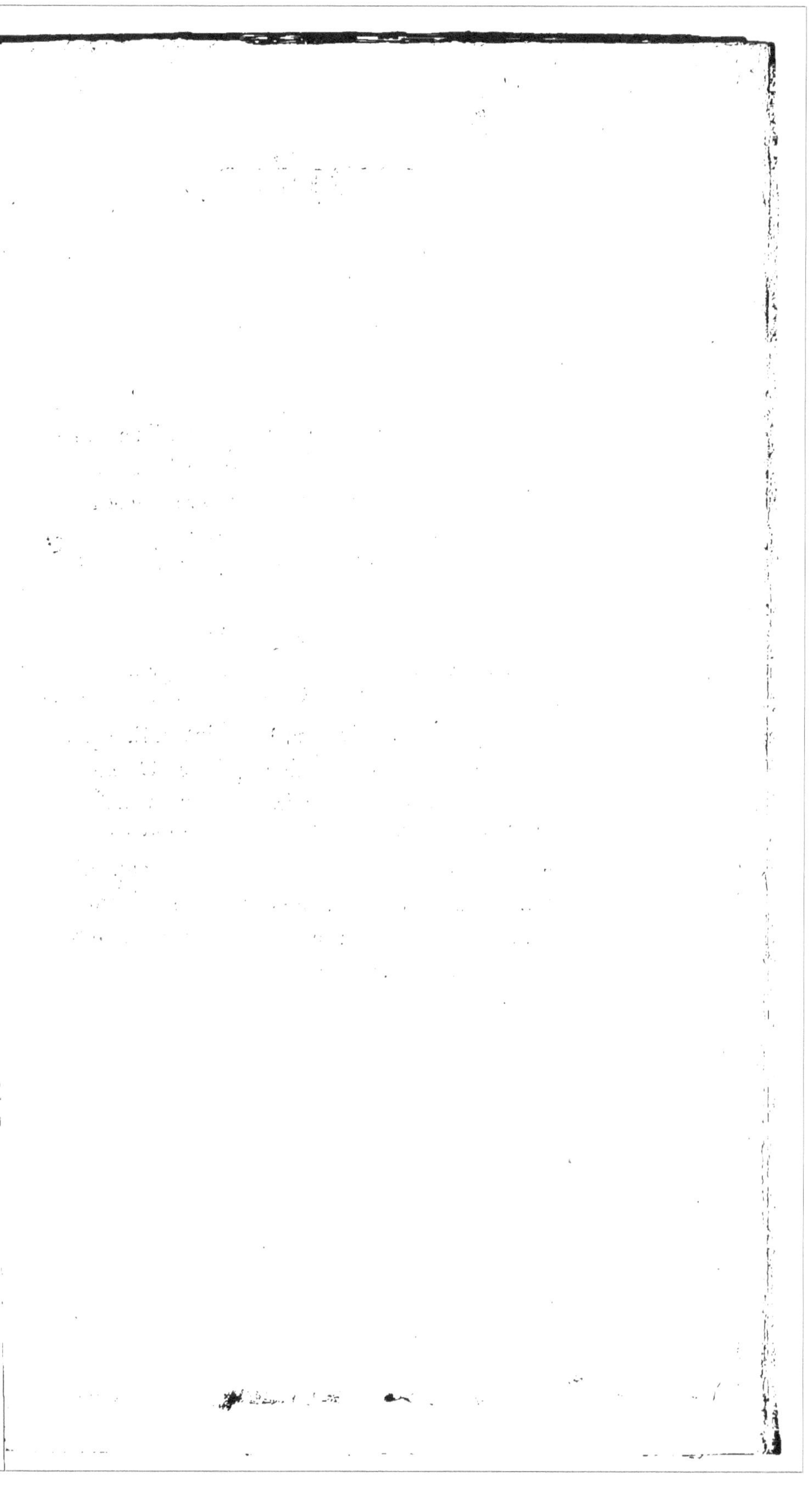

VERDIER.

Aide-de-camp d'Augereau, il contribua puissamment à la reddition de la forteresse de Figuières, en forçant, l'épée à la main, le camp retranché sous cette place, où se trouvaient quatre mille hommes et soixante bouches à feu. Il ne se montra pas moins intrépide aux affaires de Castiglione et d'Arcole qui lui valurent le grade de général. Le combat de Damiette en Égypte, le couvrit de gloire; il y reçut du vaillant Kléber une arme d'honneur et le titre de général de division. Il soutint en Europe la haute réputation qu'il avait acquise en Orient, et son nom s'associa aux journées d'Austerlitz, d'Jena, d'Eylau, d'Heilsberg, de Friedland : l'Espagne et la Russie lui fournirent encore de nouveaux titres d'illustration. La retraite dans laquelle il vit ne saurait le dérober à la reconnaissance, à l'admiration des amis de la patrie.

VERDIER.

VIAL.

***

Voilà un des héros de ces immortelles armées d'Italie et d'Égypte. A la suite d'un grand nombre de campagnes glorieuses, la carrière diplomatique lui fut ouverte comme délassement des fatigues de la guerre; il la parcourut avec non moins de distinction. Employé en 1813 à la grande armée d'Allemagne, il fut tué à la bataille de Leipsig après y avoir fait des prodiges de valeur.

VIAL.

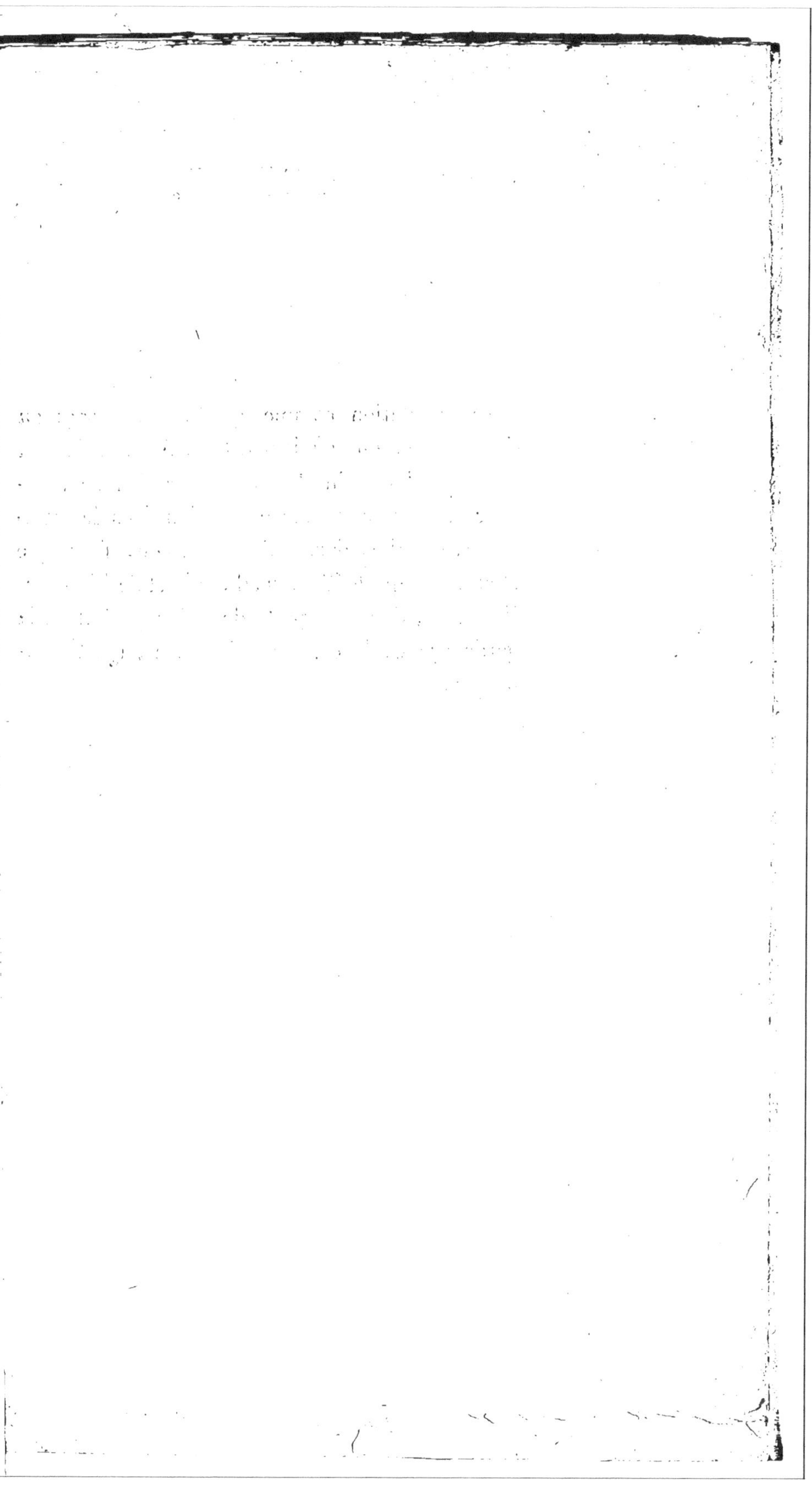

VICTOR.

———

Sa réputation comme général commença au siége de Toulon, où il battit les Anglais dans la célèbre redoute du *Petit-Gibraltar*. On l'a vu figurer avec une grande distinction dans les campagnes d'Italie, dans celles de Prusse, d'Espagne et aux champs de Toulon, d'Uclès et de Medellin. Il justifie, dans son poste de major-général de la garde royale, la confiance de notre auguste monarque.

VICTOR.

Ambroise Tardieu Direxit.

VILLARET.

—

Dès les commencemens de sa carrière, il obtint la confiance et l'estime de l'un de nos plus illustres marins, le bailli de Suffren. Commandant la corvette *la Naïade*, de 18 canons, il combattit pentant sept heures le vaisseau anglais *le Sceptre*, de 64 canons, et fut admiré même de ses ennemis. Sa réputation le porta à la tête des armées navales pendant la révolution. Les détails des événemens de notre guerre maritime pourront seuls fairé apprécier la conduite et les talens de cet amiral.

VILLARET DE JOYEUSE.